Victor du Bled

L'idée de patrie à travers les siècles

essai

ISBN : 978-1539976110

10 9 8 7 6 5 4 3 2 1

Victor du Bled

L'idée de patrie à travers les siècles

essai

Table de Matières

I. LE MONDE ANTIQUE

En même temps qu'il poursuit un but unique, le sentiment de la patrie, selon les époques, les peuples, les individus, procède de mobiles, revêt des aspects, en quelque sorte des costumes très divers : à l'instar de l'animal fabuleux, il prend la couleur des siècles qu'il traverse, des hommes qu'il hante et embrase ; comme le cerveau, il s'emplit tour à tour de divin et d'humain, de vérités et de chimères ; comme l'abeille, il fait son miel de maintes fleurs. Simple avec les simples à qui il inspire souvent les élans les plus magnifiques, complexe avec les esprits subtils, passionné, frémissant chez les dominateurs, tempéré, parfois même engourdi chez ceux qui voient l'Etat à travers les affaires et les œuvres de la paix, il demeure le ciment dont les nations ont besoin pour ne pas devenir des poussières, pour croire à leur éternité. Et il faut aussi admirer en lui un des plus riches rameaux du grand arbre mystique et spiritualiste : mais n'est-il pas lui-même un arbre qui pousse jusqu'aux cieux ses fortes branches, et celles-ci s'appellent : courage militaire et civil, prévoyance, diplomatie, honneur, dévouement, sacrifice de la vie individuelle à la vie collective ?

Qu'est-ce alors qu'une patrie ?

Tout d'abord elle est une religion, une foi. Et chez les Hébreux, dans l'antiquité égyptienne, grecque et romaine, ailleurs encore, le mot n'est nullement pris au figuré : elle est alors la religion, ou du moins se trouve étroitement liée à celle-ci. *Terra patria*, la terre des pères, la terre des ancêtres est la partie du sol divinisée par la religion de la famille et celle de la Cité qui groupe dans son enceinte un certain nombre de familles unies par un faisceau de croyances, d'aspirations, de volontés communes. Le terrain au milieu duquel surgissent le foyer domestique et le tombeau des ancêtres, figure la petite patrie ; le prytanée, ses héros, la ville, son territoire consacré par la religion, voilà la grande patrie. Les dieux du citoyen semblent en quelque sorte la substance même de la patrie, formés à son image, nés des entrailles du sol, ses protecteurs éponymes ; ce sont des dieux locaux, exclusifs, ombrageux, sensibles aux hommages, aux sacrifices, durs à l'étranger qui n'a dans la cité aucun droit, tandis que leurs serviteurs sont des élus qui trouvent en eux biens,

Victor du Bled

sécurité, dignités, privilèges civils et politiques. Sont-ils exilés, ceux-ci perdent tout : frappés d'excommunication, ils ne peuvent plus participer aux cérémonies religieuses ; le feu des sacrifices, l'eau lustrale, leur sont interdits, ainsi que la fréquentation des autres citoyens ; presque toujours, leurs propriétés sont confisquées au profit des dieux ou de la Cité. Tragiques, prosateurs grecs et romains, ont décrit l'horreur sacrée qu'inspirait une telle peine.

« On voit par-là, remarque Fustel de Coulanges, quelle singulière idée les anciens se faisaient des dieux. Ils furent très longtemps sans concevoir la Divinité comme une puissance suprême. Chaque famille eut sa religion domestique, chaque cité sa religion nationale. Une ville était comme une petite Eglise complète, qui avait ses dieux, ses dogmes et son culte. »

« C'est la patrie qui nous enfante, qui nous nourrit, qui nous élève, » dit Platon. S'il a tout par elle, le citoyen lui doit ce qu'il a de plus précieux, sa vie ; et c'est en toute vérité qu'il combat pour ses autels, pour ses foyers, afin que l'ennemi ne les renverse pas, ne profane point ses tombeaux, ne chasse pas ses dieux. « L'amour de la patrie, c'est la piété des anciens. »

Un philosophe comparait l'univers à une énorme éponge toute gonflée de divinité ; le mot semble applicable à la cité antique, tout imprégnée, elle aussi, hommes et choses, de divinité. La fondation d'une ville a toujours le caractère d'un acte religieux. On sait les rites suivis par Romulus, rites avant lui observés par les fondateurs de villes dans le Latium et l'Etrurie. D'abord il offre un sacrifice, puis il allume un feu de broussailles, et, après lui, chacun de ses compagnons saute par-dessus la flamme pour se purifier de toute souillure. Ensuite il creuse une petite fosse circulaire, y jette une motte de terre apportée d'Albe, et ses associés jettent une motte de terre apportée de leurs pays respectifs ; on remue le tout, pour symboliser l'union de leurs destins dans une nouvelle patrie. La fosse une fois comblée, le chef y installe un autel, où il allume un feu ; voilà le foyer de la Cité, que quatre vestales doivent entretenir nuit et jour, sous peine de sacrilège. Autour du foyer s'élèvera la ville. Saisissant une charrue que traînent un taureau blanc et une génisse blanche, Romulus, en costume de pontife, la tête voilée, chantant des prières et suivi de ses compagnons, trace le sillon qui doit déterminer l'enceinte, sillon inviolable, sacré, comme les

I. LE MONDE ANTIQUE

murailles qui vont s'élever en arrière de l'enceinte. Et, de distance en distance, Romulus soulève le soc pendant quelques pas ; là surgiront les portes de la ville.

L'hymne Spartiate : « Nous sommes ce que vous fûtes, nous serons ce que vous êtes, » réfléchit dans sa simplicité concise toute l'histoire d'un passé glorieux, l'ardente espérance d'un avenir égal ou supérieur au passé, l'évangile intégral du patriotisme. Et l'âme héroïque de nos soldats ne rejoint-elle pas, à travers les siècles, celle des éphèbes athéniens auxquels on imposait ce serment dans le temple d'Agraudos ? « Je ne déshonorerai pas ces armes sacrées. Je ne déshonorerai pas mon chef de file et mon rang. Je combattrai pour les autels et les foyers, soit seul, soit avec d'autres. Je ne laisserai pas la patrie plus faible que je ne l'ai reçue, mais plus grande et plus forte. J'obéirai à ceux qui jugeront selon la justice. Je serai soumis aux lois établies, et à celles que le peuple portera d'un consentement unanime. Je ne permettrai pas que personne renverse les lois ou leur désobéisse, mais je les défendrai, soit seul, soit avec d'autres. Et j'honorerai la religion de mes pères. Soient témoins les dieux champêtres, Enyalios, Zeus, Thallô, Auxô, Hégémoné. »

Eschyle, dans *Les Perses*, cite le cantique sacré des Grecs, — ce qu'on pourrait appeler leur « Marseillaise, » — qu'ils chantaient à la bataille de Salamine : « Allez, enfants de la guerre ! Délivrez la patrie, délivrez les enfants, les femmes, les temples des dieux paternels, les tombeaux des aïeux ; il s'agit ici de tout à la fois. »

Thucydide met dans la bouche de Périclès un éloge des guerriers athéniens morts dans la guerre du Péloponèse, discours qui traduit noblement l'orgueil patriotique et l'idéal militaire chez les anciens : « …Enfin nos vertus sont telles que l'ennemi n'est jamais indigné de sa défaite, et que les peuples soumis à nos lois ne sauraient être humiliés de leur dépendance. Nous n'avons pas besoin qu'un Homère ni qu'un autre poète nous vante par d'agréables mensonges : il suffit que la terre et les mers, domptées par notre vaillance, et cette foule de monuments répandus en tous lieux, attestent aux hommes de tous les temps notre vengeance et nos bienfaits… Telle est la patrie pour laquelle nos guerriers ont versé leur sang, et pour laquelle, à leur exemple, nous ne devons pas craindre de répandre le nôtre. Je ne me suis tant arrêté à décrire

Victor du Bled

îles avantages de cette patrie, que pour faire sentir que tout peuple qui n'a pas les mêmes intérêts ne saurait avoir la même ardeur... Abandonnant à la fortune tout ce qui dépend d'elle, ne se réservant que le courage qui ne dépend que de nous, résolus de tout souffrir pour repousser l'injure plutôt que de rien céder pour acheter leur salut à tout prix, nos guerriers ont sauvé leurs jours de tout reproche, livré leurs corps à tous les coups, et, dans l'instant fatal qui a décidé du sort des armes, ils ont vu le péril sans changer de visage, et sont sortis de la vie avec toute leur vertu... Je soutiens qu'un semblable dévouement doit couvrir bien des fautes, et que, le bien l'emportant sur le mal, un citoyen qui meurt pour son pays le sert plus en un jour, qu'il n'a pu le desservir dans tout le cours de sa vie... »

Après la prise de Rome par les Gaulois (390 avant Jésus-Christ), Camille empêche les Romains d'émigrer à Véies, les adjure et leur persuade de purifier les temples profanés par l'ennemi, de reconstruire leur cité : « Nous avons, leur dit-il, une ville fondée sur la foi des auspices et des augures ; pas un endroit qui n'y soit plein des dieux et de leur culte ; nos sacrifices solennels ont leur place marquée tout autant que leur jour fixé. Tous ces dieux de la patrie et de la famille, voulez-vous donc les abandonner ? » Et ce culte domestique va au point, que les biens héréditaires, même en se partageant entre les enfants, n'en restent pas moins le patrimoine de la famille ; ils demeurent affectés à une dette commune, le culte perpétuel dû aux mânes des ancêtres et aux lares du foyer.

Une communion de bienfaits et de bons procédés reliait les générations, la cité vivante s'enracinait fortement dans la cité morte. L'Oreste d'Eschyle invoque en ces termes son père mort : « O toi qui es un Dieu sous la terre ! » Electre le conjure « de lui donner un cœur plus chaste et des mains plus pures que sa mère. » « Rendez aux dieux mêmes ce qui leur est dû, conseille Cicéron ; ce sont des hommes qui ont quitté la vie ; tenez-les pour des êtres divins. » Oui, des êtres divins qui, sous la terre, vivaient d'une existence souterraine, parfaitement réelle. Et, quant aux dieux de la cité, eux aussi sont attachés à celle-ci par un contrat que chaque citoyen regarde comme très authentique, créant des droits et des devoirs de chaque côté. En campagne, chaque armée emmenait ses dieux avec elle ; assiégeait-on une ville, on invoquait ses dieux pour

I. LE MONDE ANTIQUE

qu'ils permissent sa prise ; il arriva même que, pour empêcher la désertion de leurs dieux, les assiégés les chargèrent de chaînes.

Une telle conception de la patrie a pu paraître tout ensemble bien absolue et bien étroite aux intelligences éprises, trop éprises d'idées générales : il n'en est pas moins vrai qu'elle a singulièrement contribué, pendant des siècles, au prestige du peuple artiste par excellence, du peuple conquérant par excellence, et que, pour le premier du moins, la diminution du patriotisme religieux, auquel succéda le patriotisme des lois et des institutions, eut des résultats funestes. L'esprit de parti mina insensiblement l'esprit de patriotisme, sentiment jaloux qui n'admet pas de nuances, pas de distinctions, bloc intangible auquel on ne peut faire brèche sans risquer de démolir la forteresse tout entière. Et, quand les Grecs n'aimèrent plus leur patrie qu'autant qu'ils aimaient le régime politique qui triomphait, ils furent bientôt la proie de Rome.

M. Boutroux met en opposition deux grandes dates du passé : « Marathon et Chéronée résument l'histoire militaire de l'humanité. A Marathon, une poignée de citoyens, combattant pour les tombeaux de leurs aïeux, pour leurs temples, pour leurs lois et pour la liberté, mirent en déroute une foule sans nombre qui n'avait d'autre mobile que la peur ou l'amour du butin. A Chéronée, sous l'influence d'un grand patriote, Athéniens et Thébains se battent avec une admirable bravoure. Ils ont retrouvé leur vertu militaire des temps héroïques. Mais on ne supprime pas par un coup d'éclat une situation créée par de longues années d'incurie, de mollesse, d'égoïsme, d'indifférence au bien de la patrie : la Grèce tomba dignement, mais elle tomba. » Elle tomba parce qu'un pays pour qui les jeux de la parole, le plaisir, la haine des aristocraties, sont la plus importante affaire, ne fournit plus de citoyens ni de soldats.

Il importe de remarquer que, même au temps où la Grèce se déchirait implacablement elle-même, proie préparée à cette Prusse de l'antiquité que fut la Macédoine, il y avait encore en elle le sentiment vague d'une patrie commune. Ce sentiment se cristallisait dans le conseil amphictyonique, les grands jeux nationaux, la vénération de certains sanctuaires fameux, Delphes et Olympie ; surtout il y avait le lien formé par la culture intellectuelle, morale et esthétique de l'Hellade. Là, en opposition avec la barbarie asiatique, était l'unité de la Grèce ; mais celle-ci

Victor du Bled

n'arriva pas à former une grande pairie.

De même, à mesure que s'affaiblissaient les vieilles croyances, la cité antique se montrait plus libérale et plus confiante envers l'étranger, traité comme un ennemi tant que la religion maintint sa sévère domination sur les âmes. Au temps d'Hérodote, Sparte n'avait encore accordé le droit de cité à personne, sauf à un devin recommandé par un oracle ; Athènes le concédait parfois, mais en prenant mille précautions : « C'est, expliquait Démosthènes, qu'il faut penser aux dieux et conserver aux sacrifices leur pureté. » Exclure l'étranger, lui refuser part à la religion et aux sacrifices, c'est « veiller sur les cérémonies saintes, » complaire aux dieux nationaux. Qui sait si l'étranger ne cherchait pas, par cette affiliation, à altérer les sacrifices, à trahir sa nouvelle patrie au profit de l'ancienne ? Même méfiance, mêmes rigueurs contre lui, à Rome, dans le vieux droit quiritaire formaliste et rude : *adversus hostem æterna auctoritas esta* ! Et la religion romaine décrétait que le tombeau de l'esclave est sacré, mais que celui de l'étranger ne l'est pas. C'était un préteur particulier, *prætor peregrimis*, qui le jugeait à Rome ; à Athènes, c'était le polémarque, magistrat chargé de l'administration de la guerre et des relations avec l'ennemi. Mais, au cours des siècles, tandis que la puissance romaine s'étendait sur le monde civilisé, un nouveau droit, le droit prétorien, moins austère, plus humain, de plus en plus rapproché du droit des gens, se fondait lentement, faisant concurrence à l'ancien qu'il remplaçait tout en ayant l'air de le respecter : et peu à peu les Césars accordaient les droits de citoyen romain aux habitants de toute l'Italie, à des peuples entiers. D'ailleurs, la situation n'était pas la même qu'en Grèce : l'immensité du nouvel empire faisait au Sénat, aux Césars une loi d'adopter une politique de séduction et de conciliation ; et puis l'armature sociale pouvait résister à l'invasion d'éléments nouveaux, les fondre, les pétrir a l'image du conquérant. En général, les nouveaux Quirites se montrèrent dignes du titre de citoyens romains. Il convient aussi de noter que le patriotisme grec fut surtout, comme le patriotisme des petites républiques italiennes du Moyen Age, un patriotisme municipal, tandis qu'à Rome fleurissent les deux patriotismes, le patriotisme municipal et le patriotisme d'Etat, ce dernier devant naturellement s'adapter aux circonstances nouvelles, à l'évolution de l'Etat lui-même.

I. LE MONDE ANTIQUE

Le patriotisme municipal, un des principaux caractères de la vie des cités antiques, était, tant pour celles-ci que pour les particuliers, le plus fort stimulant à doter les villes, même au prix de grands sacrifices, de tous les établissements d'utilité publique. « Le désir de paraître, remarque Friedländer, avec un air d'importance, de dignité et de splendeur, qui agissait alors si puissamment sur l'humanité, dominait les communes non moins que les individus, et, selon toute apparence, il les portait même, assez souvent, à faire des efforts dépassant leurs moyens de fortune. Ajoutez-y, dans les contrées grecques, la jalousie, cette ancienne maladie des Hellènes, dont toutes les villes étaient animées les unes contre les autres, avec la manie, qui en dérivait pour chacune, de chercher constamment à renchérir sur les autres. » Toutes les colonies romaines s'efforcent de présenter une image réduite de la capitale, et, ne réfléchissant pas assez que singer n'est pas imiter, traitent parfois leurs budgets comme la grenouille de la fable qui voulut ressembler au bœuf. Ainsi Ariminium a son Aventin, son Germalus et son Velabrum ; il y a une région esquiline à Bénévent, une région palatine à Horculanum, un Vatican à Lyon, à Mattiacum, etc. Tous les municipes possèdent thermes, théâtres, amphithéâtres, places publiques ornées de temples et de portiques, Capitules bâtis sur une hauteur, presque toujours couronnés de temples consacrés à Jupiter, à Junon et à Minerve.

Le médecin Crinas consacre plusieurs millions de sesterces à Marseille, sa ville natale ; les deux frères Stertinius se ruinent en superbes monuments dont ils dotent la ville de Naples. Quadratus rajeunit la ville de Pergame, qui tombait de vétusté, Nicétès établit à Smyrne des rues spacieuses ; Damien joint le temple de Diane à la ville d'Ephèse au moyen d'une halle couverte de la longueur d'un stade (589 pieds), afin de permettre aux dévots de se rendre à ce temple même par la pluie. Le fameux Hérode Atticus (101-177) éclipse tous ses prédécesseurs par des dons magnifiques qu'il répand sur l'Attique, sa patrie, et sur toute la Grèce, comme s'il était né dans chacune des cités de l'Hellade.

Pour subvenir à tant de dépenses, les hommes et les femmes portés à des offices honorifiques, à des sacerdoces, aux dignités municipales, paient à la caisse municipale des droits d'entrée en charge, qui aident à combler les déficits des budgets locaux ;

Victor du Bled

ainsi on verse 10 000 sesterces (2 718 fr. 75) pour l'admission au duumvirat de Pompéi, 4 000 sesterces pour l'office de prêtre flamme à Lambessa : mais la mode veut qu'à ce minimum de tarif s'ajoutent des accessoires, souvent plus coûteux que le principal, spectacles, repas offerts au peuple, monuments. Une patricienne, élue prêtresse flamine à vie dans une ville de Numidie, a promis 400 000 sesterces pour la construction d'un théâtre ; T. Flavius Justin, à Porto-Torrès (Sardaigne), paie 35 000 sesterces son élection, fait aménager à ses frais un bassin avec les conduites d'eau. Inscriptions sur les édifices dus à ces générosités que la foule ne se contentait pas d'espérer, qu'elle exigeait parfois, sièges d'honneur, couronnes civiques, statues, ces témoignages de la reconnaissance publique sont ardemment brigués par les citoyens aisés qu'animé le désir de porter leurs noms à la postérité. Les villes ayant reçu de Nerva la permission d'accepter des legs, l'usage de ces dons ne tarda pas à se généraliser, et beaucoup de testateurs imposèrent à leurs héritiers l'obligation de construire pour leur cité des thermes, un théâtre ou un stade. De dire maintenant que ces bienfaits étaient toujours purs de mobiles intéressés, que l'amour du faste, l'ambition, le désir de dépasser le voisin, ne s'y mêlèrent jamais, ce serait une affirmation d'une psychologie bien enfantine ; mais les bonnes actions sont comme les sirènes, il ne faut voir ni les motifs des unes, ni la queue des autres. Ceci prouve du moins que les peuples modernes n'ont point innové en fait de patriotisme local.

A côté du patriotisme d'Etat et du patriotisme municipal, ne pourrait-on ranger celui des peuples primitifs, le patriotisme de la tente, de la tribu, auquel Voltaire fait allusion dans son *Essai sur les mœurs des Nations* ? « Y a-t-il une plus belle réponse dans les *Grands Hommes de Plutarque* que celle de ce chef de Canadiens à qui une nation européenne proposait de lui céder son patrimoine : « Nous sommes nés sur cette terre, nos pères y sont ensevelis. Dirons-nous aux ossements de nos pères : Levez-vous, et venez avec nous dans une terre étrangère ! » Et cette éloquence semble toute naturelle et véridique, même en ce XVIIIe siècle où les philosophes avaient imaginé le roman du sauvage paré de toutes les vertus, en opposition à l'Européen gangrené par la civilisation.

Quoi qu'on ait pu dire, le Sénat d'abord, les Césars ensuite, à travers bien des vicissitudes et quelques défaillances, ont façonné,

I. LE MONDE ANTIQUE

agrandi, maintenu la patrie romaine pendant douze cents ans ; ils ont assuré l'unité et la continuité dans la politique extérieure, ils eurent la plus claire, la plus grandiose notion de l'Etat.

Tu regere imperio populos, Romane, memento…

La paix romaine, une paix relative, comme toutes les institutions humaines, a été le fruit savoureux de l'unité politique, administrative, juridique, réalisée par tant de grands hommes qui s'appliquèrent à détruire les barrières entre les peuples, à niveler les races, les familles, à répandre en tous lieux l'uniformité des lumières et des idées sociales, à développer, suivant les besoins locaux, le commerce, l'agriculture, les arts industriels : quelques-uns même tentèrent la fusion des cultes, l'unité religieuse. L'orgueil d'appartenir à la portion civilisée de l'humanité éclate alors à tel point, qu'on vit de grandes provinces, en état de conflit avec l'Italie, continuer de se réclamer du *nom romain*, et frapper sur leurs monnaies le type de *Rome éternelle*, protestant ainsi qu'elles n'entendaient point être confondues avec les pays barbares.

De cette habile politique des Césars, je retiendrai un témoignage entre mille. Constantin composa une prière que les soldats de tous les cultes pouvaient répéter, et qu'ils redisaient en chœur, les mains levées au ciel, le dimanche : « Nous te reconnaissons seul comme notre Dieu, nous t'honorons comme notre roi, nous t'invoquons comme notre appui. C'est à toi que nous devons d'avoir remporté des victoires et vaincu nos ennemis. Nous te remercions des succès que tu nous as donnés, et nous espérons que tu nous en accorderas d'autres. Nous te supplions pour notre empereur Constantin et ses très pieux enfants, et nous te demandons de nous le conserver sain et victorieux le plus longtemps possible. »

Païens et chrétiens rivalisent dans l'apologie et l'admiration sincère de la patrie romaine.

Ovide, dans les *Pontiques*, dira :

Nescio qua natale solum dulcedine captos
Ducit, et immemores non sinit esse sui

« Je ne sais quel charme possède le sol natal pour nous captiver, et nous empêcher de l'oublier jamais. » Virgile soupire les tristes

Victor du Bled

adieux des exilés :

Nos patriam fugimus, nos dulcia linquimus arva.

« Nous fuyons loin de notre patrie, nous quittons nos champs bien-aimés. »

Cicéron affirme noblement : « Il faut être économe pour soi et généreux pour l'Etat. »

Paul Orose célèbre l'union que Rome a formée entre les nations, union qu'il décore du nom nouveau de *Romania* : « En quelque lieu que j'aborde, quoique je n'y connaisse personne, je suis tranquille, je n'ai pas de violence à redouter ; je suis un Romain parmi des Romains, un chrétien parmi des chrétiens, un homme parmi les hommes. La communauté de lois, de croyances, de nature, me protège ; je retrouve partout une patrie. »

Un autre chrétien, le poète Prudence, rend hommage à ces bienfaits de l'unité romaine dont on sentit davantage le prix à mesure qu'on était menacé de la perdre : « Maintenant, on vit dans tout l'univers comme s'il n'y avait plus que des citoyens de la même ville, des parents habitant ensemble la maison de famille. On vient des pays les plus éloignés, des rivages que la mer sépare, porter ses affaires aux mêmes tribunaux et se soumettre aux mêmes lois. Des gens étrangers entre eux par la naissance se rassemblent dans les mêmes lieux, attirés par le commerce et les arts, ils concluent des alliances et s'unissent par des mariages. C'est ainsi que le sang des uns et des autres se mêle, et que de tant de nations il s'est formé un seul peuple. »

De même Claudien félicite Rome d'avoir fait du genre humain un seul peuple.

Hæc est in gremio victos quæ sola recepit,
Humanumque genus communi nomine fovit.

Rutilius Numatianus constate que, par le bienfait de sa législation, Rome a fait de l'univers une seule ville, donné une patrie à tous les peuples.

Dumque offers victis proprii consortia juris,
Urbein fecisti quod prius orbia erat.

On peut très bien soutenir, avec Fustel de Coulanges et Gabriel Tarde, que l'invasion des Barbares n'a nullement infusé un sang nouveau à l'Europe décrépite, qu'elle n'a fait que comprimer et arrêter l'imagination civilisatrice pour mille ans : tout ce qu'il y eut de viable, parmi les vices de la corruption barbare superposés à la décomposition romaine, c'étaient les débris subsistants de Rome et le christianisme propagé grâce à Rome. La société chrétienne continuait la société romaine, et ce monde civilisé du Ve siècle périssait autant par ses vertus que par ses vices. « Rome, dit Gaston Boissier, ne se souvint plus de l'art de vaincre, mais elle n'oublia jamais l'art de gouverner. » Et cette maxime, que le hasard fait mieux nos affaires que nous-mêmes, est vraie souvent pour les individus, rarement pour les peuples.

La patrie, étant une religion, est aussi une passion ; au fond » l'humanité n'obéit qu'à, ses passions et à ses rêves, les seuls orateurs qui persuadent toujours. Et la patrie apparaît encore comme un pont jeté entre le fini et l'infini, comme une harmonie entre le monde divin et le monde réel, comme une communion dans le passé, le présent et l'avenir. Il n'y a point de patrie complète sans une longue histoire, et, comme dit Lamartine :

C'est la cendre des morts qui créa la patrie.

Et ne sont-ce pas les morts qui parlent en notre héroïque jeunesse, lorsqu'elle prodigue son sang pour sauver la France et lui rendre les provinces arrachées en 1871 ? Ne crée-t-elle pas ainsi de nouvelles valeurs spiritualistes en dignité, en courage, en vertu ? N'accroît-elle pas l'héritage du génie français, de ce génie d'un caractère si universel, qu'il semble de tous les temps, et qu'en lui palpite l'âme rayonnante de la civilisation ? C'est surtout grâce aux ancêtres qu'une nation peut croire à sa pérennité, croyance nécessaire pour assurer sa durée, son progrès, sa force : ajoutons-y les souvenirs de gloire, de souffrances endurées ensemble, tout un faisceau de conquêtes morales et matérielles, sol, habitudes, aspirations, légendes, lettres, arts et sciences, joies, fêtes et deuils, éducation, race unique ou races diverses soudées, fondues par le temps d'une manière aussi inséparable que les substances jetées dans la chaudière magique des sorcières de Macbeth ; — enfin, cette *musique du sang* dont par le un poète espagnol.

Et, si l'amour de la patrie est fait de l'oubli de tout ce qui divise, il jaillit aussi du souvenir tenace de tout ce qui rapproche aux heures

Victor du Bled

fatidiques où se joue le destin d'un peuple. « Nous ne sommes pas des individus juxtaposés, qu'on peut séparer comme des branches d'un polypier de corail. » Nous demeurons rivés les uns aux autres, comme ces Gaulois qui s'attachaient par des chaînes de fer, pour périr ou vaincre ensemble. Un de nos plus profonds poètes, Sully Prudhomme, l'a dit avec force :

Viens, ne marche pas seul dans un jaloux sentier,
Mais suis les grands chemins que l'humanité foule ;
Les hommes ne sont forts, bons et justes, qu'en foule ;
Ils s'achèvent ensemble, aucun d'eux n'est entier,
Malgré toi tous les morts t'ont fait leur héritier ;
La patrie a jeté le plus fier dans son moule…
Elle est la terre en nous, malgré nous incarnée
Par l'immémorial et sévère hyménée
D'une race et d'un champ qui se sont faits tous deux.

J'ai nommé les légendes ; elles jouent leur rôle dans la formation et le maintien de l'idée de patrie : elles y représentent la tradition poétique, la foi, toujours si puissantes sur les âmes ; elles frôlent l'histoire, créent parfois des personnages imaginaires, vrais cependant de cette vérité qui se dégage d'une situation, explique une foule de sentiments confus et tendres, d'autant plus chers aux foules qu'ils reflètent leurs habitudes, leurs désirs, leurs rêveries. Il n'est pas sûr que Guillaume Tell ait existé ; force historiettes romaines, passées au crible d'une sévère critique, ont été reconnues mensongères, et, pour chaque peuple, mille traditions charmantes ne résistent guère à l'analyse ; cependant on les répète, on les répétera toujours, et celles qui parfument l'idée de patrie resteront parmi les plus accréditées, en dépit des savants trop sceptiques. Filles de l'illusion, cette magicienne qui transforme les cailloux en diamants et agrandit à l'infini le champ de la pensée, elles s'enroulent gracieusement, comme un lierre mystique, autour des âmes primitives, à l'aurore des civilisations qu'elles accompagnent jusqu'à leur apogée. Pour qu'elles naissent et grandissent, nature et imagination ont en quelque sorte conspiré : une molécule de vérité, une large part de fantaisie, la rêverie intime des humbles brodant ses arabesques sur un canevas solide, leurs aspirations poétiques se condensant en mythes singuliers, pour satisfaire ce goût du merveilleux qui est en nous, et entr'ouvrir la porte du

I. LE MONDE ANTIQUE

monde divin. Chose admirable, notre épopée patriotique de 1914-1915 devient tellement sublime et immense, que dans quelques siècles nos descendants seront tentés de ranger parmi les pures légendes les vérités les plus certaines.

Il semble tout à fait inexact de prétendre que le patriotisme ancien ait eu pour champ d'action un territoire restreint ; l'exemple de Rome prouve le contraire. Et aujourd'hui, le patriotisme n'embrasse pas seulement de vastes nations groupées sous la forme d'Etats : n'est-il pas aussi le levier moral de moyennes ou de petites nations telles que la Belgique, la Hollande, la Suisse, les Balkaniques. Mais il est vrai que le patriotisme des anciens se confondait habituellement avec la religion, absorbait l'individualité et le foyer, impliquant la haine de l'étranger, demeurant un privilège réservé à une élite ; tandis qu'aujourd'hui il a perdu, totalement ou partiellement, ces caractères.

Ceci fait mieux comprendre la portée de certaines définitions, qui, à des titres divers, valent qu'on les reproduise, et éclairent le sujet.

Chateaubriand voit avant tout dans l'amour de la patrie un instinct mis au cœur des hommes par la Providence, afin qu'ils restent parqués dans les pays qu'elle leur a assignés, et ne soient pas tentés de se ruer vers les climats tempérés, au risque de laisser désert le reste du monde. D'après cette théorie, la patrie ne serait guère qu'un accident de l'instinct et une sorte de caprice de la Providence. Mais comment concilier cette explication poétique avec les nombreuses invasions des peuples du Nord dans le Midi ? Il est vrai que Chateaubriand ajoute : « Nous sommes attachés au sol natal, peut-être par le sourire d'une mère, d'un père, d'une sœur... » Oui, et par bien d'autres liens. Et enfin il affirme que le patriotisme perd en force à mesure qu'il gagne en étendue : l'histoire de France, d'Angleterre, de Russie, des Etats-Unis, nous présente de tout autres enseignements. Cependant il y a la une part de vrai : en général, l'homme n'aime bien que ce qui est près ; de là le goût des petites patries. « Revenez, écrivait une femme à son ami ; si j'avais pu aimer un absent, j'aurais aimé Dieu. »

« On se doit à sa patrie sous tous les gouvernements qu'elle accepte ou qu'elle se donne. »

Victor du Bled

Maréchal BUGEAUD.

« L'amour, voilà le vrai principe ; l'amour, c'est-à-dire l'unité acceptée, voulue, consacrée par des souffrances communes et des dévouements réciproques, l'unité cimentée par le sang et les larmes des générations, voilà la patrie. Elle n'est pas ailleurs. »
E. CARO.

« La patrie, est un composé de corps et d'âme ; l'âme, ce sont les souvenirs, les usages, les légendes, les malheurs, les espérances, les regrets communs ; le corps, c'est le sol, la race, la langue, les montagnes, les fleuves, les productions caractéristiques... Une communauté d'hommes qui, ayant accompli de grandes choses ensemble, veulent ensemble en accomplir encore. »
ERNEST RENAN.

« Nous portons en nous-même comme une image vaste et détaillée de toute la France dans l'espace et dans le temps, de sa terre, de ses campagnes, de ses neuves, de ses villes ; de son esprit et de ses mœurs ; de la suite de ses grands hommes, de ses grands livres, de ses grandes actions ; une image géographique et morale de la patrie ; image si inséparablement liée à notre intelligence et à notre cœur, que l'idée de sa diminution ou de sa déchirure nous est douloureuse et même insupportable. »
JULES LEMAITRE.

La patrie est le domaine matériel et immatériel, acquis et transmis par les ancêtres ; la nation en est le propriétaire, l'Etat n'en est et n'en doit être que le régisseur.
PAUL DEROULEDE.

Certains auteurs distinguent deux sortes de patriotisme : le patriotisme physique, un amour presque physiologique, local, instinctif, matériel, amour de chair et d'os, ayant des racines dans notre cœur, sinon dans notre raison, fait avant tout d'habitudes personnelles ou séculaires ; un amour moral, basé sur le droit, la

I. LE MONDE ANTIQUE

justice, sur la religion dans la cité antique, d'une essence plus noble que l'autre, créant aussi des devoirs plus rigoureux, plus étendus. C'est en ce sens, j'imagine, que Cicéron écrit : « Caton et tous les citoyens des villes municipales ont deux patries, une naturelle et une politique ; par exemple, Caton était né à Tusculum, et il reçut le droit de cité romaine… Ainsi, nous regardons comme notre patrie, et le lieu qui nous a vus naître, et celui qui nous a adoptés ; mais celle-là a des droits plus puissants à notre affection, qui, sous le nom de république, forme la grande patrie ; c'est pour cette patrie que nous devons mourir, à elle que nous devons entièrement nous dévouer, et faire en quelque sorte l'hommage et le sacrifice de tout ce que nous sommes. Mais la patrie qui nous a donné le jour n'en reste pas moins presque aussi chère ; aussi je ne renierai jamais Arpinum pour ma patrie ; mais Home sera toujours ma patrie par excellence, puisqu'elle contient l'autre. » Voilà, en somme, très bien établie, la [distinction des deux patries, la grande et la petite.

Fondement mystique, fondement historique, fondement naturel, telles sont les bases inébranlables de l'idée de patrie : et, par fondement naturel, j'entends les conditions nécessaires à la mise en valeur de l'individu par lui-même, la tyrannie impérieuse du pain quotidien, de la famille, de l'Etat constitué de telle sorte qu'il garantisse à chacun de ses membres un minimum de sécurité et de bien-être. Ainsi l'intérêt bien entendu, l'intérêt, « ce bon soldat, » comme dit Shakspeare, joue ici son rôle légitime, et l'on peut soutenir sans paradoxe qu'à ce point de vue positif, une patrie, une nation est une sorte de grande société d'assurance mutuelle. Il y a là quelque chose qui rappelle un peu les contrats innomés du droit romain : je donne pour que tu donnes, je donne pour que tu fasses. La patrie dit au citoyen : « Je te donne le sol, l'air natal assaini par les travaux de plusieurs générations, la douceur de vivre dans une atmosphère de bien-être, de charité, de paix, de bienveillance, les droits civils et politiques, la possibilité de gagner ta vie, de vendre, de négocier, d'hériter des tiens, de tes amis, de créer des livres, des œuvres d'art, des produits industriels et agricoles, de jouir en un mot de tout le capital idéaliste et matériel accumulé depuis des siècles. » Le citoyen répond : « Et moi, j'obéirai aux lois, je te paierai l'impôt d'argent, pour participer selon mes ressources et tes besoins aux dépenses d'intérêt général ou municipal ; je te paierai

Victor du Bled

l'impôt du sang, je ferai partie de l'armée qui te personnifie, pour te protéger contre tes ennemis et défendre ton honneur qui est aussi le mien. »

Oui, une patrie est une histoire, une tradition, en même temps qu'un *devenir*, et notre histoire a beaucoup contribué à nous faire ce que nous sommes. « Grecs de Marseille ou d'Arles, Gaulois de l'ancienne Gaule, Romains de Nîmes ou de Narbonne, Flamands de Dunkerque et Basques de Bayonne, Celtes de Bretagne ou des monts d'Auvergne, l'histoire, en nous faisant les ouvriers de la même œuvre, a fait de nous la race française. Grâce à notre histoire, grâce aux épreuves subies en commun…, grâce aux exemples et aux leçons de quelques grands hommes, s'il y a dans le monde, pour user d'un mot à la mode, une patrie qui soit vraiment un organisme, je veux dire quelque chose de merveilleusement divers, d'harmonieusement complexe, et cependant de vraiment vivant, qui ne soit pas une abstraction, mais une réalité, mais un être, mais une personne, c'est la patrie française. Quelque partie qu'on en mutile, quelque lambeau qu'on en arrache, le temps a beau passer, la blessure saigne toujours. Depuis huit ou neuf cents ans, les mêmes mobiles généreux, les mêmes passions nous ont guidés ; nous les avons dans le sang, elles nous exposeront demain aux mêmes dangers que jadis, à moins qu'elles ne nous procurent la même gloire : et c'est en cela, c'est pour cela que nous sommes les Français et la France. »

Ainsi, un peuple est grand en raison directe des sacrifices qu'il fait à l'idée de patrie, en raison directe de la certitude qu'il a de son éternité. La raison de la patrie a des raisons que là la raison individuelle ne connaît guère ; celle-ci conseille l'égoïsme, commande de s'affranchir du malheur ou du deuil public. Le miracle de la patrie consiste à faire taire cet égoïsme chétif, à donner au citoyen la vision du passé et d'un avenir radieux pour ses fils : c'est pourquoi le patriotisme demeure la première vertu de l'homme civilisé :

Est Deus in nobis, agitante calescimus illo.

Est-ce à dire que l'idée de patrie ne comporte pas à son tour quelques abus ? Il ne servirait de rien de dissimuler que la grandeur d'un peuple s'accomplit souvent aux dépens de ses voisins.) Il y

I. LE MONDE ANTIQUE

a des peuples de proie que l'orgueil patriotique conduit aux pires excès, des peuples détrousseurs qui, avec Hegel, voient dans l'Etat la raison d'être de l'individu, considèrent les traités comme des chiffons de papier, et prennent pour modèle cette maxime de Machiavel : « Quand il s'agit de la patrie, il ne doit être tenu aucun compte ni de justice, ni de pitié, ni de cruauté, ni de louanges ni d'opprobre ; mais, laissant de côté toute préoccupation, il faut que la patrie soit sauvée, avec gloire, ou avec ignominie. »

Faut-il ajouter foi à la théorie de Hobbes, désespérer de voir les peuples, les classes sociales s'entendre, dans quelques siècles, non plus pour détruire, mais pour édifier ? Victor Cousin a-t-il rêvé pour l'éternité, quand il a affirmé que toute guerre européenne est une guerre civile, Pasteur quand il a prophétisé que l'avenir appartiendra aux nations qui auront le plus fait en faveur de l'humanité souffrante ?

Dans un style presque biblique, Joseph de Maistre, continuateur de Hobbes, précurseur de Darwin, formule cette redoutable loi de haine qui jusqu'ici a disputé l'empire du monde à la loi d'amour : « N'entendez-vous pas la terre qui crie et demande du sang ? Le sang des animaux ne lui suffit pas, ni même celui des coupables versé par le glaive des lois… La terre n'a pas crié en vain ; la guerre s'allume. L'homme, saisi tout à coup d'une fureur divine, étrangère à la haine et à la colère, s'avance sur le champ de bataille sans savoir ce qu'il veut, ni même ce qu'il fait… Ainsi s'accomplit sans cesse, depuis le ciron jusqu'à l'homme, la grande loi de la destruction des êtres vivants. »

N'en déplaise à Machiavel et à J. de Maistre, cette doctrine quelque peu barbare aurait besoin de nombreux correctifs. N'a-t-elle pas causé plus d'une fois des catastrophes à ses sectateurs rigoristes, et, malgré tant d'égarements, les nations modernes ne s'acheminent-elles pas lentement, très lentement, vers un idéal supérieur de justice et de civilisation ? L'opinion publique universelle n'a-t-elle pas fait réaliser quelques progrès au droit des gens ? Et si la force a ses douloureux entraînements, si toute patrie considérable n'a pu se former que par les alluvions de la conquête, quelques-unes du moins, — la nôtre est de ce nombre, — ont su garder la mesure, protester par d'ardentes sympathies, même par les armes, en faveur des patries opprimées. Les sceptiques disent volontiers que l'heure

Victor du Bled

de la réparation ne sonne jamais pour les peuples : c'est qu'ils ne regardent pas assez longtemps. Certes l'idée de patrie se concentre naturellement dans un idéal d'ambition et d'orgueil, d'où procèdent à leur tour des prétentions, tantôt légitimes et tantôt injustes. Et il semble presque impossible de contenir le patriotisme d'un peuple dans les limites de la défensive, de l'empêcher de passer à l'offensive, quand il se sent menacé, encerclé par d'autres peuples qui l'ont diminué dans son territoire ou dans son prestige. Une nation n'est pas seulement un vaisseau mystique qui a ses ancres dans le ciel ; elle est toujours une création militaire, établie, développée, soutenue par l'épée ; ses hommes d'Etat ne sauraient trop méditer la leçon de politique conquérante, que le comte d'Aranda, qui au XVIIIe siècle fut premier ministre en Espagne et ambassadeur à Paris, formulait spirituellement pour le comte Louis de Ségur : « Regardez cette carte ; vous y trouvez tous les Etats européens, grands et petits, quelles que soient leur étendue, leurs dimensions. Examinez bien : vous verrez qu'aucun de ces pays ne vous présente une enceinte bien régulière, un carré complet, un parallélogramme exact, un cercle parfait. On y remarque toujours quelques saillies, quelques renfoncements, quelques brèches, quelques échancrures. Vous sentez bien à présent que toutes ces Puissances veulent conserver leurs saillies, remplir leurs échancrures, s'arrondir enfin selon l'occasion. Eh bien ! mon cher, une leçon suffit, car voilà toute la politique. »

Une autre leçon, une leçon à l'usage des peuples qui pratiquent la politique des mains tendues et des bras ouverts, nous vient d'un conte des *Mille et une Nuits*. Le pécheur trop curieux débouche la bouteille d'où sort un géant haut de cent coudées, un autre Polyphème, prêt à dévorer l'imprudent. Celui-ci d'abord a grand'peur, mais il se ressaisit et cherche à faire rentrer le démon dans sa prison par des paroles adroites : « Es-tu réellement sorti d'une si mince fiole ? » Et l'autre l'affirmant, le pécheur dit qu'il ne le croira pas s'il ne le voit pas ; et quand le géant a exécuté ce merveilleux tour, le pécheur s'empresse de refermer hermétiquement la bouteille avec un bon bouchon. » Nations et pécheurs ne sauraient trop se méfier de certains récipients et de certains sourires.

Or donc, la politique étrangère sort de l'idée de patrie, comme la

I. LE MONDE ANTIQUE

fleur s'élance de sa tige ; tant vaut l'amour de la patrie, tant vaut une nation, et l'étude de l'histoire nous enseigne que l'athéisme envers la patrie a toujours été le prélude de la décadence. J'admets que toute passion est, par essence, immodérée, volontiers même tyrannique, qu'un peuple enivré de patriotisme a autant de peine à dominer sa tentation qu'un homme possédé par un brûlant amour ; mais, d'autre part, la modération, qui pactise avec les circonstances, n'a jamais sauvé une patrie, et le premier devoir d'un peuple ne consiste-t-il pas à vivre, à remplir tout son mérite, toute sa destinée, à faire son bonheur, a continuer l'œuvre des aïeux ? Que son patriotisme semble parfois de l'égoïsme sublimisé, *un égoïsme sacré*, comme dit M. Salandra, rien de plus certain ; cet égoïsme-là prend aussi les proportions d'une superbe vertu, dépasse de mille coudées celui de l'individu. Et qu'est-ce que l'individualisme, sinon le masque élégant de l'égoïsme qui déifie son moi, modèle son attitude sur la maxime de Pacuvius : *ubi bene, ibi patria : là où l'on jouit, là est la patrie*, et sur celle de ce poltron d'Horace :

Omne solum forti patria est, ut piscibus æquor.

Comme si l'homme était un bœuf à l'étable ou un poisson, comme ai l'humanité n'était pas tout d'abord un temple, une prière, un idéal ! Comme s'il ne fallait pas professer le contraire de ces beaux esprits ! *Ubi patria, ibi bene* ; là où est la patrie, là seulement la vie vaut la peine d'être vécue.

Les conflits entre l'intérêt, la grandeur d'un pays et l'équité absolue, soulèvent des problèmes très délicats, devant lesquels l'esprit le plus juste peut parfois chanceler, et se sentir en quelque sorte écartelé à deux infinis. Aussi bien il y a des guerres justes, des guerres nécessaires, comme il y a des guerres injustes, et la guerre sera toujours le pourquoi de l'homme et le secret de Dieu. Vauban ne conseillait-il pas à Louis XIV de faire *son pré carré*, d'éviter *les guerres de magnificence* ? Souhaitons du moins que dans l'avenir les peuples emploient le minimum de violence pour obtenir le maximum de justes résultats, que, pareils à Cavour, leurs *cochers* aient tout de l'homme d'Etat, la prudence et même l'imprudence, s'efforcent de mettre d'accord le droit universel et l'intérêt national.

Je m'étonne de n'avoir pas lu souvent, dans les livres et les

Victor du Bled

journaux allemands, le discours du philosophe Carnéade voulant mettre aux prises la sagesse et la justice, faire ressortir la fatalité de ces antinomies qui consternent la conscience humaine. Sa thèse consiste à soutenir que, si on est sage on n'est pas juste, si on est juste on n'est pas sage : « Quel est l'Etat assez aveugle pour ne pas préférer l'injustice qui le fait régner à la justice qui le rendrait esclave ?... Voyez Alexandre ; ce grand capitaine aurait-il pu étendre son empire sur toute l'Asie s'il avait respecté le bien d'autrui ? Et vous-mêmes, Romains, si vous êtes devenus les maîtres du monde, est-ce par votre justice ou par votre politique, vous qui étiez d'abord le moindre de tous les peuples ? Sans doute, ce que vous avez fait est dans le noble intérêt de la patrie ; mais qu'est-ce donc que l'intérêt de la patrie, sinon le dommage d'un autre peuple, c'est-à-dire l'extension du territoire par la violence ? L'homme qui procure de tels avantages, qui, renversant des villes, exterminant les nations, a rempli d'argent le trésor public et enrichi ses concitoyens, cet homme est porté jusqu'aux cieux ! »

Depuis Hegel, presque tous les docteurs germaniques s'ingénient à développer longuement, lourdement, sans la citer, la théorie de Carnéade.

On peut se demander comment, à la lueur des évènements de 1914-1915, les Allemands eussent été démasqués par Henri Heine, le premier poète lyrique de l'Allemagne au XIXe siècle, *ce Prussien libéré* comme il s'appelait lui-même, qui, dès 1835, flagella si vertement ses compatriotes en mainte occasion. Voici comme il définit le patriotisme allemand et le patriotisme français :

« ... En France, le courage est civilisé et poli, et la loyauté porte des gants et vous tire le chapeau. En France, le patriotisme consiste dans l'amour pour le pays natal, parce qu'il est en même temps la patrie de la civilisation et du progrès de l'humanité... Le patriotisme du Français consiste en ce que son cœur s'échauffe, qu'il s'étend, qu'il s'élargit, qu'il enferme dans son amour non seulement ses plus proches, mais toute la France, tout le pays de la civilisation. Le patriotisme de l'Allemand, au contraire, consiste en ce que son cœur se rétrécit, qu'il se rapproche comme le cuir par la gelée, qu'il cesse d'être un citoyen du monde, un Européen, pour n'être plus qu'un étroit Allemand. Il consiste dans la haine contre la France, dans la haine contre la civilisation et le libéralisme. » N'est-il pas

I. LE MONDE ANTIQUE

piquant de constater aussi que ce Nietzsche, qui fut si longtemps le philosophe préféré des étudiants teutons, a écrit ces lignes, sévères pour son pays, flatteuses pour le nôtre ? « Je ne crois qu'à la culture française, et tiens que tout ce qui, en dehors d'elle, se décore en Europe du nom de culture commet une méprise. De la culture allemande, inutile de parler… Si loin que s'étend l'Allemagne, elle étouffe la culture… Aujourd'hui encore (1888), la France est le siège de la culture la plus intellectuelle et la plus raffinée d'Europe, et comme la cour suprême du goût… Les Allemands manquent de doigté pour *nous* lire (Schopenhauer, Heine, moi) ; du reste, ils *n'ont pas de doigts, mais seulement des pattes…* »

Rameau détaché de l'empire romain, héritier de ses qualités, de ses défauts, de beaucoup de ses institutions politiques et administratives, l'empire byzantin ne mérite pas la condamnation sommaire prononcée par Montesquieu et tant d'autres écrivains. De nos jours, des historiens avertis, Henry Houssaye, Rambaud, MM. Schlumberger, Charles Diehl, etc., ont remis les choses au point. Avant de condamner Byzance, il faudrait se remémorer la Rome des Césars, tant de règnes de sang et de boue, selon le mot de Suétone, les rois barbares despotes, parjures, débauchés et assassins, les chefs valant moins encore que les rois, tyrans sur leurs terres, brigands sur les grandes routes, les lois n'offrant aucune garantie dans leur application, *tous les excès de l'état sauvage combinés avec tous les vices d'une civilisation finissante.* « Ce qu'il faut dire, remarque Henry Houssaye, c'est que ce gouvernement si corrupteur, ce peuple si corrompu, cette administration si mauvaise, cette armée si misérable ont fait durer l'Empire pendant plus de neuf cents ans, qu'ils ont résisté à vingt peuples, retardé de longs siècles l'invasion des Turcs, donné le christianisme aux Slaves, la civilisation aux Arabes, et, à l'Occident, le trésor des lettres grecques. » Et pourquoi tant de mérites ? Parce que Justinien et son épouse, la basilissa Théodora, Héraclius, Manuel Comnène, Jean Tzimiscès, Nicéphore Phocas, Basile II, Constantin XIII, beaucoup de basileis, de généraux, de ministres byzantins eurent le sens de l'État, le sens de l'Empire, de ce que nous nommons aujourd'hui la patrie, et se dévouèrent fortement « à la consécration de l'harmonie impériale. » Multiplier les fondations de villes, renouveler partout les fortifications des cités, élever

Victor du Bled

d'espace en espace des citadelles, protéger les frontières par des lignes continues de retranchements, donner aux nouvelles et aux anciennes provinces la paix et la tranquillité, voilà leur premier soin. Par l'unité de la religion et de la langue, par sa législation, ses tribunaux, ses routes, ses relais de poste, ses hôpitaux, ses arts, son industrie, son commerce, l'absence de castes et de fiefs, dans les premiers siècles du moins, — une aristocratie féodale finit par se constituer, — par l'égalité et la liberté civile, par sa faculté d'assimiler les éléments les plus hétérogènes, slaves, thraces, italiens, arméniens, arabes, caucasiens, l'Empire donne en même temps la sensation d'un Etat fortement constitué, très supérieur au monde barbare qui l'encercle. Ses chefs, dans l'ensemble, ont bien mérité de l'humanité, de leur pays. Remarquons encore, avec Alfred Rambaud, que Byzance reçoit les étrangers incultes, sauvages et les rend à la civilisation impériale lettrés, savants théologiens, habiles administrateurs, fonctionnaires déliés. « A la fois langue administrative, langue d'église, langue littéraire, le grec avait un faux air de langue nationale… La religion, par ailleurs, faisait à l'Etat un faux air de nationalité. » Non seulement un faux air, mais, avec les autres facteurs, les caractères réels d'une patrie. Pendant son long règne, Basile II bataille presque continuellement, contre les Bulgares, contre les Egyptiens, les Russes, les Longobards, les Arméniens, les Arabes, parfois aussi contre ses propres généraux révoltés et désireux de le remplacer. Pour parler comme son historiographe Psellus, il dirigea le navire de l'Etat, non d'après des lois écrites, mais d'après les lois instinctives de sa propre nature, si forte et si bien constituée, gouvernant et administrant entièrement par lui-même, ne tenant nul compte des intelligences cultivées qui pouvaient l'entourer, impérieux, obstiné, prompt à la colère : après avoir été un viveur dans sa prime jeunesse, il devient soudain une sorte d'ascète couronné, s'abstient de tout confort, mène la vie la plus frugale, ne porte sur lui aucun ornement, rien que des vêtements de couleur sombre, n'est plus absorbé que par la seule pensée de son autorité et du bien de l'Empire : on dirait d'un Louis XI avant la lettre. Et il régna cinquante ans, phénomène assez rare chez un peuple qui, de 395 à 1453, n'eut pas moins de cent sept souverains : trente-quatre meurent dans leur lit, huit à la guerre, et pour le reste on compte soixante-cinq révolutions de caserne ou de

I. LE MONDE ANTIQUE

palais, soixante-cinq abdications ou morts violentes. Constantin XIII, vaincu enfin après avoir quatre fois repoussé l'assaut des Turcs, s'écrie quelques instants avant d'être frappé d'un coup de cimeterre : « La ville est prise, et je vis encore ! »

L'espace me manque pour analyser les diverses incarnations du patriotisme dans les civilisations antérieures à la Grèce et à Rome, Mèdes, Assyriens, Perses, Egyptiens, Chinois, Hindous ; en étudiant de près leur histoire, on constate, là aussi, que la puissance de ces peuples suivit l'évolution de leurs sentiments envers l'Etat et le Monarque, représentants de l'idée de patrie chez eux.

Rappelons la remarque de Bossuet : « Une des choses qu'on imprimait le plus dans l'esprit des Egyptiens était l'estime et l'amour de leur patrie. » Race bien cimentée, territoire compact, assez étendu, fertile et défendable, gouvernements établis sur des bases solides, religion et droit, civilisation, langue, art, originaux, ces conditions d'une patrie se trouvaient réunies en ce pays. Le patriotisme égyptien valut à ce peuple de longs siècles de prospérité et de puissance.

Les Hébreux se présentent comme les représentants d'un patriotisme concentré et quasi mystique. « Jamais, peut-être, dit M. Louis Legrand, association d'hommes ne composa un faisceau aussi tenace. Tout est ici réuni : une consanguinité sans mélange, une seule loi, un seul temple, une littérature sacrée. Les Juifs sont *le peuple de Dieu*, d'un Dieu qui, en quelque sorte, leur appartient en toute propriété. » Renan a conté magnifiquement leur fidélité à l'idée nationale, leur haine séculaire des voisins idolâtres, leur résistance farouche à l'empire romain lui-même, le phénomène étonnant d'une race éparse depuis plus de dix-huit cents ans au milieu des nations, s'y mêlant et ne s'y confondant point, concevant sa patrie en esprit pur, la construisant avec le temps et l'infini.

En Chine, le respect de la tradition produisit un effet contraire à celui qu'il eut en Grèce, à Rome ; loin de stimuler le patriotisme, il contribuait à l'énerver et à paralyser sa puissance d'expansion., Parce qu'il a méconnu les vertus militaires, consacré la prédominance des lettrés, des mandarins, sur l'armée, gardienne de la patrie, et tout sacrifié aux œuvres de la paix, le Chinois est aujourd'hui l'homme malade de l'Extrême-Orient ; pour employer le jargon philosophique, il expie durement la faute d'avoir subordonné l'impératif catégorique aux impératifs hypothétiques, écouté les sophistes, ces pernicieux travailleurs de la langue, ces pestes des patries, oublié cette vérité si simple : honorer le courage, c'est le créer.

Et voici un exemple, en sens contraire, non moins décisif, de la puissance magique qui se dégage du sens de la patrie : un vieux peuple d'Extrême-Orient, rajeuni par sa révolution ou plutôt son évolution de 1868, par l'emprunt de la civilisation représentative et matérielle de l'Europe, n'imposant à l'estime et à l'admiration de celle-ci pour son patriotisme exalté et organisé, le culte de l'honneur et du sacrifice, le *Bushido* comme on dit là-bas. Les Japonais savent que les peuples et les hommes se mesurent à leur idéal : ils ont une commune pensée, regardent l'armée comme la nation ramassée et debout pour assurer sa propre durée, professent que le mépris du danger demeure le principe de la force morale, que la vie est un accident que la mort répare, qu'on revit dans ses ancêtres et dans ses enfants.

II. LA FRANCE : MOYEN AGE ET TEMPS MODERNES

S'il faut strictement respecter les nuances grammaticales et le langage puriste, le mot *pays*, que beaucoup de personnes emploient comme synonyme de patrie, n'est qu'un des éléments qui entrent dans la composition de celle-ci ; de même le mot *peuple* est autre chose que la patrie et la nation ; et le mot *nation* que l'*État*, puisqu'il y a des Etats qui comprennent plusieurs nations. Et certes, il existe une différence entre patrie et nation, mais l'une semble bien la substance de l'autre, elles s'enveloppent réciproquement. Au fond, il est peut-être un peu vain d'établir des distinctions subtiles entre ces maîtres mots qui, dans l'esprit de la grande majorité, représentent la même idée, — d'autant plus vain que le vocable patrie manque de synonyme direct dans beaucoup de langues, et qu'il faut bien alors lui substituer les équivalents de nation, État, peuple. Si la patrie est une chose en soi, elle est aussi la résultante et l'origine de beaucoup d'autres choses, qu'on peut rencontrer dans les pays où fleurit le sentiment passionné de la grandeur collective, des droits et des devoirs que ce sentiment suppose. Si l'on veut absolument distinguer, l'État, c'est la nation ou la patrie concrète, matérialisée, vue à travers ses organes politiques, économiques et sociaux ; à l'État se rattache tout d'abord, une idée d'action, de volonté, de puissance raisonnée et complexe ; tandis que la patrie apparaît plutôt comme un sentiment, une passion, comme l'État sensible au cœur. Disons encore : l'Etat, c'est la prose ; la patrie, c'est la poésie de la nation.

Certains penseurs divisent en trois groupes les éléments, les conditions d'une patrie ; conditions naturelles : territoire, race, langue ; conditions morales : religion, histoire, communauté de culture ; conditions politiques : unité de gouvernement, identité des intérêts, liberté tout au moins relative. Toutes ces conditions se trouvent rarement réunies chez un seul peuple, et toutefois des peuples à qui plusieurs d'entre elles manquent, n'en font pas moins figure de grande nation. Ainsi l'histoire prouve que des frontières naturelles ne sont point indispensables à sa grandeur ; la France, la Russie, les Etats-Unis, l'Italie, l'Espagne, se constituent par l'alluvion successive de plusieurs races ; l'Autriche, la Suisse, ont plusieurs langues officielles, et, dans chaque pays, à côté du langage commun, on trouve des patois, des dialectes souvent très savoureux et qui constituent de véritables langues. En Grèce, à Rome, en Judée, la religion était la base même de la patrie ; il n'en va plus de même aujourd'hui. L'histoire, la tradition, jouent un rôle immense ; la piété envers les ancêtres demeure la plus pure source du patriotisme ; les annales de la patrie sont les parchemins du peuple tout entier, et devraient être sa Bible laïque ; cependant des races n'ont pu se souder même après plusieurs siècles, tandis que des peuples sont nés d'une révolte contre la métropole. Quelques-uns confondent la patrie avec la liberté avec l'intérêt : « On a une patrie sous un bon roi, affirme Voltaire ; on n'en a point sous un méchant. » Mais qu'est-ce qu'un bon roi, qu'est-ce qu'un méchant gouvernement ? Le patriotisme le plus intense ne s'est-il pas manifesté chez des peuples despotiquement gouvernés ? Et sans doute la communauté des intérêts figure parmi les éléments essentiels du patriotisme ; toutefois Renan a très bien démontré qu'une nation n'est pas seulement un *Zollverein*, M. Paul Deschanel qu'elle est autre chose qu'une société d'actionnaires, et les hommes

Victor du Bled

qui n'ont pas d'autre patrie que leur intérêt se conduisent trop souvent comme des ennemis de la patrie. Une patrie n'est ni une Bourse, ni une usine ; toutefois on n'empêchera jamais les hommes de la voir et de la comprendre à travers leur métier ordinaire ou leur passion favorite. Le financier l'aimera autrement que le militaire, le militaire autrement que le diplomate, que le cultivateur, le commerçant, l'ouvrier d'industrie, le poète, le philosophe, le savant, le rentier. Chacun d'eux placera la patrie dans l'atmosphère de son occupation coutumière ; chacun aura, si j'ose dire, sa petite patrie intérieure, ce qui n'empêchera pas ces affections, un peu discordantes au premier abord, de se fondre dans un sentiment profond, qui les mêle comme le Saint-Laurent ou l'Orénoque mêle les affluents qu'il reçoit dans sa marche vers l'Océan. Un paysan comtois m'a dit un jour : « Je pense comme ma terre ; » et sa terre pense comme la France. Le mot peut se démarquer en s'appliquant à chaque profession.

Quittons le moins possible maintenant notre vieille France, et signalons la première manifestation de l'idée de patrie avec Vercingétorix, le jeune chef arverne qui, pendant sa courte Iliade, montra quelques-unes des qualités du chef d'État et du grand capitaine. On est même tenté de l'admirer sans réserves quand on mesure les difficultés qu'il rencontrait de toutes parts, ayant en face de lui César, les légions romaines dures comme des villes, pour alliées cent tribus déchirées par des guerres intestines, et, telles les factions athéniennes au temps de la guerre du Péloponèse, appelant les étrangers afin de triompher de leurs adversaires, ce qui souvent est le commencement de la fin pour un peuple ; — les Eduens, les grands de l'Arverne jaloux du principat de Vercingétorix ; tout concourait à rendre la lutte presque impossible. Mais il est orateur éloquent, diplomate habile, bon tacticien, apte à se rendre Compte que connaître et prévoir font la moitié de la victoire, ayant l'entente des longues manœuvres. Prenant exemple sur l'adversaire, il amène ses soldats à faire une besogne de terrassiers, à fortifier leurs camps, organise un vaste service d'espionnage ; et il a pour maxime qu'il ne faut jamais échanger la certitude de vaincre lentement contre l'espérance d'un triomphe immédiat. Bref il possède d'instinct l'art de persuader, de commander, de conduire les foules vers un but commun. Il combattit, il mourut par amour pour sa

II. LA FRANCE : MOYEN AGE ET TEMPS MODERNES

patrie, pour la défense de la liberté de tous, et l'on peut acquiescer au verdict de M. Camille Jullian : « La patrie gauloise, telle que l'Arverne se la représentait, c'était, je crois, la mise en pratique de cette communauté de sang, de cette identité d'origine que les Druides enseignaient ; avoir les mêmes chefs, les mêmes intérêts, les mêmes ennemis, une liberté commune… Vercingétorix eut la vision d'une patrie celtique supérieure aux clans, aux tribus, aux cités et aux ligues, les unissant toutes et commandant à toutes. Il pensa de la Gaule attaquée par César ce que les Athéniens disaient de la Grèce après Salamine : « Le corps de notre nation étant d'un même sang, parlant la même langue, ayant les mêmes dieux, ne serait-ce pas une chose honteuse que de le trahir ? » Mais, tant le problème semble complexe, des penseurs, des historiens éminents, un Edgar Quinet, un Fustel de Coulanges, un Lavisse, ne sont pas d'accord sur le point de savoir s'il faut se féliciter ou regretter que la tentative ou, si l'on veut, le premier vagissement d'une patrie gauloise, ait été anéantie par les Romains.

A partir du Ve siècle, à l'heure tragique où de toutes parts les Barbares pénétraient dans les entrailles de l'empire d'Occident, où Rome ne se souvenait plus assez de l'art de vaincre, le sentiment de la patrie romaine, à force de s'étendre et de s'éparpiller, s'est dilué, comme un flacon de précieux parfum perd sa vertu si on le verse dans un étang ; les religions, au lieu de rester locales, tendent à l'universalité ; la cité romaine fait place à la cité de Dieu qui ne connaît ni murailles ni frontières, et la Gaule, perdant son unité, devient la proie de plusieurs peuples barbares, Wisigoths, Burgondes, Francs. « Circé, gémit un païen, ne changeait que les corps ; maintenant on change les âmes. » L'idée de patrie s'effrite de plus en plus, la Gaule ne jouit ni de l'unité matérielle, ni de l'unité morale, premières conditions d'une nationalité ; Clovis, il est vrai, la pressent, la prépare ; mais les Francs restent campés au milieu de leur conquête, et, après Clovis, les guerres intérieures continuent d'ébranler le ciment solide des institutions romaines., Cependant, par ses lois, sa discipline, par ses évoques, ses monastères de moines défricheurs et érudits, *les rossignols de Dieu*, comme on disait jadis, le clergé préserve quelques vestiges de civilisation, les assises indispensables de toute société naissante, prêche aux malheureux la douceur, la résignation, aux heureux la charité et la

Victor du Bled

justice, à tous le grand idéal spiritualiste. Charlemagne reconstitue l'unité de la Gaule et des peuples germaniques ; mais son empire, comme celui de Clovis, ne tarde pas à se désagréger en plusieurs royaumes, et ceux-ci en une foule de seigneuries plus ou moins vastes, plus ou moins indépendantes. Ainsi s'institua la féodalité, société de chefs militaires qui assurent aux anciens colons, aux paysans, la sécurité, ce pain quotidien de la vie sociale ; moyennant quoi, ceux-ci cultivent leurs terres, font leurs charrois, paient des redevances en nature ou en argent, afin qu'ils puissent entretenir leur troupe, leur ost, et se battre pour eux : par-là se reforment des milliers de petites patries locales que l'on voit, que l'on touche pour ainsi dire du doigt, que l'on aime d'un sentiment aveugle, passionné, orgueilleux, comparable à celui des anciens Hellènes pour leur cité. L'émancipation des Communes, à partir du XIIe siècle, créera à son tour des petites patries de quelques kilomètres carrés, qui, à l'encontre des patries féodales, favoriseront le mouvement vers l'unité nationale. Il y eut un patriotisme féodal, un patriotisme municipal, un patriotisme provincial, l'un se superposant à l'autre, comme les blocs de marbre d'un temple grec.

Dans la Chevalerie, qui se développe parallèlement à la féodalité, on perçoit aussi quelque linéament de l'idée de patrie. « Tu seras le champion du Droit et du Bien. Tu aimeras le pays où tu es né, » disent les commandements du nouveau chevalier. Cette institution jette tout son éclat au temps de ces Croisades où l'on entrevoit aussi un sentiment patriotique, mais non plus borné aux limites d'un seul pays, le rêve d'une patrie européenne et chrétienne, de la patrie universelle des âmes.

L'idée nationale, l'idée française s'affirme avec éclat en 1214, contre une coalition redoutable, Saxons, Allemands, Flamands, Ardennais, Anglais, commandés par l'empereur Othon. Philippe-Auguste arme ses vassaux, fait appel aux milices communales ; les clercs eux-mêmes se rangent sous la bannière royale ; l'évêque de Senlis enflamme les troupes en « leur parlant de Dieu, de leur roi et de l'honneur de la nation. » L'ennemi fut vaincu, le peuple célébra par de grandes fêtes cette victoire, Paris fut illuminé pendant sept nuits. L'âme de la France avait palpité, perçu « la sensation de la frontière. »

Au milieu des siècles douloureux qui suivent la mort

de Charlemagne, surgit une épopée nationale, composée au XIe siècle par un écrivain inconnu, qui donne la sensation d'une patrie supérieure aux petites patries, d'une patrie vraiment, intégralement française. Dans *la Chanson de Roland*, écrite en langue romane et traduite par M. Maurice Bouchor, la France, personne vivante, est évidemment synonyme de patrie. Comme on sait, l'œuvre a pour point de départ un fait réel, et elle inspira plus tard à Victor Hugo un des plus beaux poèmes de *la Légende des siècles*, à Henri de Bornier *la Fille de Roland* ; le sentiment de l'unité nationale apparaît clairement à travers cette chanson de geste, qui reflète en même temps les mœurs de l'époque féodale.

Roland voudrait que sa Durandal ne tombât pas aux mains des païens :

Sois aux chrétiens, toujours pour les guider,
Et donne-leur victoire ou délivrance.
Vous, Seigneur Dieu, qui daignâtes m'aider,
Ne laissez point honnir terre de France.

Et quant à cette France aimée,

…Pour elle on doit souffrir grands maux,
Tout endurer, et grands froids et grands-chauds ?
On doit y perdre et son sang et sa chair.

M. Lenient remarque justement que le poème, inférieur à l'*Iliade* pour la richesse d'invention, l'éclat du coloris, l'harmonie du rythme, l'emporte par la noblesse des sentiments. L'idée de la force domine dans l'*Iliade*, plus encore dans les *Niebelungen* ; le sentiment de l'honneur et du droit s'épanouit dans la *Chanson de Roland*, forme, avec l'amour de la patrie, un trio idéaliste, par où son héros se montre l'ancêtre légitime des personnages cornéliens. Et Ganelon lui-même, voué à l'exécration pour son forfait, témoigne en faveur de la religion du devoir, du dévouement à l'Empereur :

Païens ont tort, frère, et chrétiens ont droit.

Bourgeois et paysans deviennent les précieux collaborateurs de nos rois dans le grand œuvre patriotique ; Philippe le Cat, Ringois, Blanchard, Guillaume l'AIoue, le Grand Ferré, bien d'autres brillent parmi les héros de la libération du pays si affreusement meurtri pendant la guerre de Cent Ans. A Abbeville, Ringois répond à l'ennemi : « Je suis Français, » et meurt plutôt que de prêter serment

Victor du Bled

au roi d'Angleterre (1360). Les gens de La Rochelle avaient une année entière fermé les portes de leur ville aux commissaires anglais qui en venaient prendre possession après le triste traité de Brétigny, et, quand ils finirent par céder, ils dirent aux Anglais : « Nous vous ferons hommage du bout des lèvres, mais le cœur reniera les lèvres. »

En 1418, Rouen, abandonné par Charles VI et le duc de Bourgogne, se défend avec héroïsme contre Henri V, contre le fer et la famine ; Cinquante mille personnes meurent de faim en cinq mois. Enfin il fallut se rendre ; Alain Blanchard, capitaine des arbalétriers, qui avait été l'âme de la défense, refusa d'offrir rançon pour sa vie : « Je suis trop pauvre pour me racheter, dit-il en marchant au supplice ; mais quand j'aurais de quoi payer ma rançon, je ne voudrais pas racheter le roi d'Angleterre de son déshonneur. » Après le néfaste traité de Troyes (1420), les marins normands disent adieu à leur belle province, viennent se mettre aux ordres du Dauphin, et les mesures coercitives ne peuvent arrêter l'exode des bourgeois, des paysans qui émigraient « avec leur menu mesnage comme poz, paelle, vaisselle d'estain. »

Et n'est-ce pas aussi un pur témoignage du patriotisme des femmes françaises, la réponse de -Bertrand du Guesclin, fait prisonnier (1367) par le prince Noir, fixant lui-même le prix de sa rançon à cent mille doubles d'or. « Henri d'Espagne en paiera la moitié, et le roi de France, l'autre ; et si je ne pouvais avoir la somme de ces deux-ci, il n'y a fileuse en France, sachant filer, qui ne gagnât ma finance (ma rançon) à filer, pour me mettre hors de vos lacs. » Tant de souffrances endurées ensemble, champs en friche, maisons en ruine, populations entières passées au fil de l'épée, jacquerie, pillage des villes et des campagnes, exactions des seigneurs, des brigands féodaux, des Grandes Compagnie ? , guerres civiles, guerres étrangères, unissaient les cœurs plus que la gloire et la prospérité. Malgré tout, l'âme nationale se forgeait des métaux les plus précieux, la résignation, la persévérance, réparaient les désastres partiels, l'espoir renaissait au moment où tout semblait désespéré, quelques années de paix enfantaient leurs miracles coutumiers, les villes se reconstruisaient, les champs se couvraient bientôt de moissons, et déjà notre race prouvait que, si on la laissait faire, elle changerait les rochers en or. La France, qui

II. LA FRANCE : MOYEN AGE ET TEMPS MODERNES

ne le sait ? fut toujours le pays des surprises et des résurrections : avec elle, la hauteur des élans finit par dépasser la profondeur des chutes.

L'unité nationale ! La constitution d'une grande patrie ! Ce fut l'œuvre patiente de la royauté, de princes qui, certes, ne furent pas infaillibles, mais qui presque tous eurent la passion de l'Etat, l'art des bons marchés, la science des guerres utiles. Quel cri de désir lorsque, après la mort de Charles le Téméraire, Louis XI révèle à un confident son âpre volonté de se saisir de la Bourgogne : « Je n'ai autre paradis en mon imagination que celui-là. J'ay plus grand'faim de parler à vous pour y trouver remède, que je n'eus jamais à nul confesseur pour le salut de mon âme. » Et, dans sa correspondance, il parle des provinces qu'il convoite comme le paysan par le du champ voisin dont il veut agrandir sa terre, comme l'amant parle de sa maîtresse. Ses moyens sont tortueux, ses vengeances cruelles, mais il avait pour lui le droit de l'Etat, et ses ennemis, félons, parjures, n'étaient pas plus embarrassés de scrupules que lui ; les défauts de Louis XI, ceux de son époque en somme, ne pèsent guère à côté du magnifique patrimoine dont il enrichit la France. Non seulement il aima celle-ci, il aima encore les petits. Roi du peuple contre les grands feudataires, il porte la livrée, le chapeau plébéiens, va de maison en maison, dîner et souper chez l'un et chez l'autre, se fait inscrire « frère et compagnon de la grande confrérie aux Bourgeois de Paris, » parle *privément* à chacun, veut se rendre compte des plus minces détails, a toujours présent à la pensée cet axiome que beaucoup de grands joueurs perdent la partie parce qu'ils n'ont pas le respect des petites cartes. On peut affirmer en toute vérité que la politique de nos rois, de leurs collaborateurs, des gouvernements qui leur ont succédé a été, depuis neuf cents ans et plus, une œuvre continue, permanente, ayant pour objet l'Etat, la patrie, la plus grande France.

La formation de celle-ci, sous l'égide de la royauté, eut pour premier effet de rendre plus rares les guerres, si fréquentes au temps de la féodalité pure et simple. « Avant Hugues Capet, remarque Taine, la royauté ne donnait pas au Roi une province, pas même Laon ; c'est lui qui ajoute au titre son domaine. Pendant huit cents ans, par mariage, conquête, adresse, héritage, ce travail d'acquisition se poursuit ; même sous Louis XV, la France s'accroît

Victor du Bled

de la Lorraine et de la Corse. Parti du néant, le Roi a fait un Etat compact qui renferme vingt-six millions d'habitants, et qui est alors le plus puissant de l'Europe. Dans tout l'intervalle, il a été le chef de la défense publique, le libérateur du pays contre les étrangers… Au dedans, dès le XIIe siècle, il est grand justicier, il démolit les tours des brigands féodaux, il réprime les excès des forts, il établit l'ordre et la paix… Cependant toutes les choses utiles exécutées par son ordre ou développées sous son patronage, routes, ports, canaux, asiles, universités, académies, établissements de piété, de refuge, d'éducation, de science, d'industrie et de commerce, portent sa marque et le proclament bienfaiteur public. De tels services appellent une récompense proportionnée : on admet que, de père en fils, il contracte mariage avec la France, qu'elle n'agit que par lui, qu'il n'agit que pour elle, et tous les souvenirs anciens, tous les intérêts présents viennent autoriser cette union… Cette union, l'Eglise la consacre à Reims par une sorte de huitième sacrement accompagné de légendes et de miracles ; il est l'oint de Dieu. Le peuple, jusqu'en 1789, verra en lui le redresseur de torts, le gardien du droit, le protecteur des faibles, le grand aumônier, l'universel refuge… Tous, par une vague tradition, par un respect immémorial, sentent que la France est un vaisseau construit par ses mains et par les mains de ses ancêtres, qu'à ce titre le bâtiment est à lui, qu'il y a droit comme chaque passager à sa pacotille, et que son seul devoir est d'être expert et vigilant pour bien conduire sur la mer le magnifique navire où toute la fortune publique vogue sous son pavillon. »

Michelet, éloquent poète de l'histoire, et merveilleux dupeur des esprits, affirme « qu'avec Jeanne d'Arc il y eut un peuple, il y eut une France ; qu'en elle apparurent à la fois la Vierge et déjà la Patrie. » La Patrie était apparue trois siècles auparavant ; Jeanne d'Arc, suivant la forte expression de James Darmesteter, ne *vint pas la créer, elle la retrouva*. Beaucoup, avant elle, avaient élargi le sillon dans le champ mystique de l'unité nationale ; mais ce mot si grand, si doux, de patrie, semble bien avoir été prononcé pour la première fois en France par Jeanne. D'après son interrogatoire du 13 mars 1431, elle dit au Roi à Chinon, « de la mettre à l'œuvre, et que la patrie serait bientôt soulagée, *et patria statim allevata*. » Dans le même sens elle répond à ses juges : « J'ai demandé à mes

II. LA FRANCE : MOYEN AGE ET TEMPS MODERNES

voix de bien aider aux Français… Il me semble que ce serait un grand bien pour la France que je lisse comme je faisais avant d'être prise. » Et le mot de patrie trouve tant d'écho dans l'âme du peuple, que moins de vingt ans après la mort de la Pucelle, l'historiographe Jean Chartier cite ce dicton : « Il est licite à un chacun et louable de combattre pour la patrie. »

Les mots de Jeanne d'Arc, ses réponses à ses juges, nous pénètrent d'admiration. « Les hommes d'armes batailleront et Dieu donnera la victoire !… Chevauchez hardiment contre les Anglais ; quand ils seraient pendus aux nues, nous les aurons… » Et, dans les interrogatoires du procès : — « N'avez-vous pas sauté du haut de la tour de Beaurevoir pour vous tuer ? — Je ne voulais pas me tuer, mais aller rejoindre les miens… — Mais, étant protégée de Dieu, pourquoi ne pas attendre que Dieu vous délivrât ? — Le proverbe dit : Aide-toi, Dieu t'aidera ; j'essaierais encore d'échapper aux Anglais si j'en avais le moyen. — On vous gardera avec de bonnes chaînes. — Vous pouvez m'enchaîner, vous n'enchaînerez pas la fortune de la France. »

Siméon Luce a nettement établi que Domrémy ne relevait pas de la Lorraine proprement dite, mais du duché de Bar, alors uni à la France, que Jeanne d'Arc est plutôt Champenoise ; ce qui n'empêchera pas de continuer à prévaloir son surnom : la bonne Lorraine. Sans doute aussi, elle n'a pas été la simple pastourelle représentée par tant d'hagiographes ; son père, gentilhomme, propriétaire foncier, avait pris à bail la forteresse et le domaine seigneurial de Domrémy ; ses frères, oncles et cousins, étaient aussi Français de cœur et hommes d'armes ; elle vécut ainsi dans la vision constante des choses de la guerre. De bonne heure, apprenant à détester les férocités des chefs de bande, Brabançons, Anglais, Bourguignons, Ecorcheurs, elle comprit le silence des humbles, et, les yeux pleins de larmes, portant dans son âme les tristesses d'un peuple, entendit les Voix qui lui commandaient d'abord de bouter l'ennemi hors de toute France. Qu'importe ? Son apostolat n'en demeure pas moins admirable ; sa vie, plus belle que le plus beau roman, que la légende la plus idéale, est le chef-d'œuvre de notre histoire ; elle plane si haut, tellement au-dessus des misères humaines, qu'elle semble quasi miraculeuse et divine, qu'elle rayonne sur notre pays, sur l'univers entier, appartient au

Victor du Bled

passé, au présent, à l'avenir, et figure au premier rang parmi les richesses morales de l'humanité. Un poète anglais, John Sterling, a célébré en elle (1848) « le personnage peut-être le plus merveilleux, le plus exquis, le plus complet de toute l'histoire du monde. » Son œuvre est aussi le meilleur témoin en faveur des vérités spiritualistes qui soutiennent les nations ; elle a prêché avec son génie prime-sautier, avec sa piété, avec son sang, l'*évangile du patriotisme* ; elle est la sainte de la Patrie française, elle mériterait d'être acclamée comme la sainte de toutes les patries. Profondément pieuse, elle place la patrie au-dessus de l'Eglise elle-même, n'admettant point qu'une assemblée, qu'un pape même, s'arroge le droit de décider si Dieu, oui ou non, lui a conféré la mission de sauver la France. Tous ceux qui souffrent, tous ceux qui aiment d'une façon désintéressée, tous ceux qui veulent combattre pour la justice, tous ceux qui ont le sens de l'infini, se reconnurent et continuent de se reconnaître en elle ; car elle souffrit toutes leurs douleurs, elle ressentit toutes les angoisses des fidèles serviteurs de la patrie, elle eut tous les courages, brava toutes les morts, et supporta le supplice du bûcher pour témoigner de son apostolat. Elle a incarné le patriotisme, l'idée d'unité nationale confuse encore et dans beaucoup d'esprits incertaine ; elle les a fait éclater aux yeux et aux cœurs. On sait que les peuples comprennent les idées à travers les êtres qui les défendent ou les combattent, qui jouent le rôle d'initiateurs, de révélateurs, de phares intellectuels. Au rebours des penseurs, les foules vont de l'absolu au relatif, de l'abstrait au concret ; au lieu de généraliser, elles particularisent ; elles ont besoin de symboles et d'emblèmes, de points de repère, de jalons sur les grandes routes de l'histoire, de noms qui représentent les qualités qu'elles admirent, les sentiments dont se compose la trame de la vie, avec lesquels elles se réjouissent, souffrent, meurent. L'histoire de France, en particulier l'histoire de Jeanne d'Arc, doit toujours être l'Evangile laïque de notre nation. Et l'on ne saurait qu'approuver cette réflexion de Siméon Luce : « Il en est des peuples comme des individus, : ce n'est pas seulement le mérite des actes, pris en soi, qui les touche ; ils sont d'autant plus reconnaissais que leur détresse était plus grande lorsqu'on est venu à leur secours. Un guerrier qui accroît encore par ses victoires la puissance et le prestige de sa nation, c'est un héros ; mais un capitaine dont le bras parvient à retirer son pays

II. LA FRANCE : MOYEN AGE ET TEMPS MODERNES

du fond de l'abîme où il était tombé, c'est plus qu'un héros, c'est un sauveur. Or, tout le monde en conviendra, le rôle historique de Duguesclin au XIVe siècle, comme celui de Jeanne d'Arc au siècle suivant, a ce caractère. »

Désormais, de plus en plus brillante, scintille au firmament l'étoile de la patrie ; l'idée nationale ne cesse de cheminer, se développant d'âge en âge, en quelque sorte par la force de la vitesse acquise ; plus nombreux se dressent ses demeurants, ses chevaliers, faisant face à l'ennemi aux quatre points cardinaux, guidés dans leurs luttes généreuses par cette infaillible boussole, l'amour du pays : à travers les siècles, par les armes, par la diplomatie, par les lettres et les arts, tous les bons Français continuent de sculpter la statue immortelle de la Patrie, statue voilée parfois, mais qui, après le péril et l'épreuve, apparaît plus harmonieuse et mieux ciselée. Au conseil des rois, sur les champs de bataille, dans la capitale et les provinces, dans les rues et les campagnes, on entend, on rencontre, par milliers, des traits, paroles ou actes, aussi beaux, plus beaux même que ceux de l'antiquité, — ceux-ci, trop souvent, se confondent avec la légende, sont plus vraisemblables que vrais, — des traits dignes de ceux d'aujourd'hui, des traits qui montrent leurs auteurs ayant gravées au fond du cœur les fleurs de lys avec l'image de la France. Ce sont les perles de notre histoire, les fleurs du bouquet héroïque, et il n'est pas inutile de respirer quelques parfums de ce florilège.

Le chroniqueur Martin du Bellai rapporte que le connétable de Bourbon, poursuivant les Français en déroute à Biagrasso (1524), aperçut Bayard, mortellement blessé et couché au pied d'un arbre, face à l'ennemi : « J'ai grand'pitié, dit-il, de vous voir en cet état, vous qui fûtes un si valeureux chevalier. — Monsieur, aurait répondu le mourant, il n'y a point de pitié en moi, car je meurs en homme de bien ; mais j'ai pitié de vous voir servir contre votre prince et votre patrie et votre serment. »

La Noue confesse qu'il éprouvait « de l'horreur » en songeant que les hommes qu'il allait combattre « n'étaient ni Italiens, ni Espagnols, mais Français. » Après la bataille de Saint-Denis, le maréchal de Vielleville dit à Charles IX : « Votre Majesté n'a point gagné la bataille, encore moins le prince de Condé, mais le roi d'Espagne, car il est mort, de part et d'autre, assez de braves Français pour conquester la Flandre et tous les Pays-Bas. »

Victor du Bled

Voici le chancelier Michel de l'Hospital qui supplie ses compatriotes « de ne changer le nom de chrétiens pour ces noms diaboliques de huguenots, papistes, noms de partis et de séditions ; » Agrippa d'Aubigné qui proclame en beaux vers les devoirs du patriotisme :

La loi, le sang, Nature, à l'homme font sentir
Qu'il naît, vit, croit, et doit ses ans, son bien, sa vie
Aux amis, aux parents, à sa chère patrie,
Et qu'il faut pour les trois naître, vivre et mourir.

Ronsard, dans son *Discours sur les Misères de ce temps*, peint avec force les ruines accumulées par les guerres de religion, l'éclipse partielle du patriotisme dans la seconde partie du XVIe siècle :

Ce monstre arme le fils contre son propre père.
Et le frère (ô malheur !) arme contre son frère,
La sœur contre la sœur, et les cousins germains
Au sang de leurs cousins veulent tremper leurs mains ;
L'oncle hait son neveu, le serviteur son maître ;
La femme ne veut plus son mary reconnaître ;
Les enfants sans raison disputent de la foy,
Et tout à l'abandon va sans ordre et sans loy.
L'artisan, par ce monstre, a laissé sa boutique,
Sa nef le marinier, son trafic le marchand,
Et par lui le prud'homme est devenu méchant,
L'écolier se débauche, et de sa faux tortue (tordue)
Le laboureur façonne une dague pointue,
Une pique guerrière il fait de son râteau,
Et l'acier de son coutre il change en un couteau.

Dans le même morceau, Ronsard apostrophe ainsi Théodore de Bèze :

Vous avez fait mourir
La France, votre mère, au lieu de la nourrir.

Dans les *Remontrances au peuple français*, il adjure les gens de guerre :

Combattez pour la France et pour la liberté…
Car l'amour du pays me fait parler ainsi.

Henri IV, avant la bataille d'Ivry, donne cet ordre : « Quartier aux François, main basse sur les étrangers. » Du Bellay par le du devoir « en quoi je suis obligé à ma patrie. » Le mot patriote, usité d'abord

II. LA FRANCE : MOYEN AGE ET TEMPS MODERNES

comme équivalent de compatriote, prend à la fin du XVIe siècle le sens actuel : « Ce maistre eschevin, conclut Carloix, mourut en bon et vrai patriote. »

On a prétendu, avec un peu d'exagération, que la brochure de Chateaubriand en 1815, *De Buonaparte et des Bourbons*, avait valu à ceux-ci autant qu'une armée. Autant pourrait-on dire de la *Satire Ménippée*, œuvre mordante et courageuse de quelques bourgeois parisiens, gallicans et patriotes, aimant l'érudition et l'épigramme, épris d'une monarchie tolérante, ayant avant tout au cœur la haine de l'étranger, préparant au péril de leur vie, alors que la Ligue était encore maîtresse de Paris, l'opinion publique en faveur de Henri IV.

Réunis chez le chanoine Gillot qui tenait assemblée de beaux esprits, Nicolas Rapin, Pierre Pithou, Jean Passerat, Florent Chrestien, Pierre Le Roy, tous gens de loi, gens de lettres ou d'église, composèrent avec leur hôte cette satire où, à l'imitation de Ménippe, de Terentius Varron, se mariaient les vers et la prose. Elle circula d'abord en manuscrit, sous le manteau ; le parti des Politiques, qui représentait alors le patriotisme éclairé, la publia en 1594. Un de ces bons serviteurs du pays, Pierre Pithou, jurisconsulte célèbre que Loysel comparait à Socrate, auteur de la harangue du lieutenant d'Aubray, voulut qu'on gravât ces seuls mots sur sa tombe : *Patriam unice dilexi.* (J'ai aimé uniquement ma patrie.) Il met dans la bouche de d'Aubray une superbe philippique contre les étrangers présents aux Etats de la Ligue… « Je ne vois ici que des étrangers passionnés, aboyant après nous, et altérés de notre sang et de notre substance… Que fait ici M. le Légat, sinon pour empêcher la liberté des suffrages et encourager ceux qui ont promis de faire merveilles pour les affaires de Rome et d'Espagne ? Lui, qui est Italien et vassal d'un prince étranger, ne doit avoir ici ni rang ni séance : ce sont ici les affaires des Français, qui les touchent de près, et non celles d'Italie et d'Espagne. » Plus loin, Pithou dit son fait au duc de Mayenne : « Je vous parle franchement, sans crainte de proscription, et ne m'épouvante pas des rodomontades espagnoles, ni des tristes grimaces des Seize, qui ne sont que coquins que je ne daignai jamais saluer ; je suis ami de ma patrie, comme bon bourgeois et citoyen de Paris… Nous voyons bien que vous êtes vous-même aux filets du roi d'Espagne,

Victor du Bled

et n'en sortiez jamais que misérable et perdu. Vous avez fait comme le cheval qui, pour se défendre du cerf, lequel il sentait plus viste (rapide) et vigoureux que lui, appela l'homme à son secours ; mais l'homme lui mit un mors à la bouche, le sella et équipa, puis monta dessus avec bons éperons, et le mena à la chasse du cerf… ; et par ce moyen le rendit souple à la houssine et à l'éperon pour s'en servir à toute besogne, à la charge et à la charrue, comme le roi d'Espagne fait de vous… Enfin, nous voulons un roi pour avoir la paix ; mais nous ne voulons pas faire comme les grenouilles qui, s'ennuyant de leur roi paisible, élurent la cigogne qui les dévora toutes ; nous demandons un roi et chef naturel, non artificiel, un roi déjà fait et non à faire, et n'en voulons point prendre le conseil des Espagnols… Nous sommes Français, et allons avec les Français exposer notre vie et ce qui nous reste de bien pour assister notre roi, notre bon roi, noire vrai roi… »

Cette éloquence colorée alla au plus profond de l'âme nationale, redressa l'opinion égarée, couvrit de ridicule la Ligue, et prépara l'avènement de Henri IV : elle remit le bon ordre dans les esprits

D'un peuple bigarré de tant de factions.

C'est pourquoi la Ménippée n'est pas seulement un immortel réviaire de patriotisme, elle a été surtout une grande et belle action. Quelques années après, Passerat célébrait l'entrée de Henri IV à Paris :

France se va remettre en paix et en concorde ;
Pendez-vous, Espagnols, nous fournirons la corde.

Le premier président du Parlement de Paris, Achille de Harlay, était du même cru moral que les auteurs de la *Ménippée*, lui qui osait faire la leçon au duc de Guise, tout-puissant chef de la Ligue en 1588 : « C'est grand'pitié quand le valet chasse le maître ; au reste mon âme est à Dieu, mon cœur est au Roi, mon corps est entre les mains des méchants. » Et comme, quelques mois plus tard, la Ligue ayant déclaré le Roi déchu, Achille de Harlay refusait de reconnaître le décret de déchéance, Bussy-Leclerc vint l'arrêter en plein parlement ; ses amis lui ayant conseillé de rester chez lui : « Je n'en ferai rien, avait-il répondu ; ils ne sauraient me prendre en plus digne lieu que sur mon siège de justice. »

Même au XVIIe siècle, en pleine monarchie absolue, l'idée de patrie n'est pas confondue avec la royauté, ni absorbée par celle-ci ; beaucoup de bons esprits établissent nettement la distinction. Richelieu remarque : « Mon premier but fut la majesté du Roi ; le second la grandeur du royaume. » Richelieu par excellence représente le patriotisme de l'homme d'État ; ce patriotisme fut sans doute austère, rude, implacable ; mais si le Cardinal pardonne rarement, c'est « qu'il eût pardonné aux dépens de la France. » La rançon des inconvénients et des maux, ici comme pour Louis XI, semble payée au centuple par ces bienfaits immenses : l'unité de la patrie cimentée à jamais, l'étranger vaincu, la France agrandie, rayonnante de grandeur et de gloire, le protestantisme dépouillé de ses prérogatives politiques, la défaite de ces grands seigneurs, rebelles inassouvis qui ne commençaient à ménager le royaume qu'au moment où ils se croyaient sur le point d'en devenir les maîtres, l'ordre succédant à une demi-anarchie féodale, la richesse, une richesse toute relative, à la misère profonde des foules. N'oublions pas que ces hommes, ces partis, ces doctrines étaient en perpétuel état d'insurrection contre le premier ministre, contre la royauté, contre la France ; que la débonnaireté, la douceur inopportune, entraînent presque autant de catastrophes que la tyrannie. D'une main, Richelieu bataille, écarte l'assaillant ; de l'autre il façonne, il pétrit l'image de l'Etat ; on dirait de ces bons chevaliers qui terrassent fantômes, dragons, monstres de toute sorte préposés à la garde du palais enchanté, arrivent enfin jusqu'à la chambre où dort d'un sommeil magique la princesse prisonnière, et la délivrent. Il put en toute vérité se rendre à lui-même cet hommage : la « France dormait tranquille à l'ombre de mes veilles. »

Bossuet, Fénelon, Corneille, Pascal, emploient le mot patrie. Même il échappe à Fénelon d'écrire un jour : « Je dois plus à l'humanité qu'à ma patrie, à ma patrie qu'à ma famille, à ma famille qu'à mes amis, à mes amis qu'à moi-même. » L'humanité avant la patrie ! Ce sont de ces visions qui faisaient juger Fénelon par Louis XIV : *le bel esprit le plus chimérique de mon royaume.* L'Académie Française, dans la première édition du Dictionnaire (1694), donne ces exemples au mot Patrie : *servir la patrie, défendre la patrie, mourir pour la patrie,* etc. Colbert se compose cette fière devise : *Pro rege sæpe, pro patria semper. Pour le Roi souvent, pour la patrie toujours.*

Victor du Bled

Après le patriotisme de l'homme d'Etat, il faut admirer le patriotisme de l'homme religieux, cette page de Bossuet dans sa *Politique tirée de l'Écriture sainte* : « La société humaine demande qu'on aime la terre où l'on habite ensemble ; on la regarde comme une mère et une nourrice commune ; on s'y attache, et cela unit. C'est ce que les Latins appellent *caritas patriæ soli*, l'amour de la patrie, et ils la regardent comme un lien entre les hommes. Les hommes, en effet, se sentent liés par quelque chose de fort, lorsqu'ils songent que la même terre qui les a portés et nourris, étant vivants, les recevra en son sein quand ils seront morts. C'est un sentiment naturel à tous les peuples. Thémistocle, Athénien, était banni de sa patrie comme traître ; il en machinait la ruine avec le roi de Perse à qui il s'était livré ; et toutefois, en mourant, il oublia Magnésie que le roi lui avait donnée, quoiqu'il y eût été si bien traité, et il ordonna à ses amis de porter ses os dans l'Attique pour les y inhumer secrètement. Dans les approches de la mort, où la raison revient, et où la vengeance cesse, l'amour de sa patrie se réveille ; il croit satisfaire à sa patrie, il croit être rappelé de son exil, et, comme ils parlaient alors, que la terre serait plus bénigne et plus légère à ses os. »

Bossuet, qui formule la théorie du droit divin en des pages célèbres où il met le sujet en demeure d'aimer son prince comme le salut de tout l'État, comme l'air qu'il respire, comme la lumière de ses yeux, comme sa vie et plus que sa vie ; Bossuet distingue toutefois entre le pouvoir absolu et le despotisme : le Roi n'est maître, ni des corps, ni des biens de ses sujets, et doit se conformer aux traditions, aux formes légales. On sait que ces limites ne furent guère respectées, qu'il ne manqua ni de courtisans, ni de légistes, pour traiter le Roi en *vice-dieu, en quatrième personne de la Trinité*.

Saint-Simon dit justement que Vauban « était patriote. » Et c'est un nouveau titre à notre reconnaissance envers ce grand homme ; ses *Pensées diverses* et ses *Mémoires* respirent le plus pur patriotisme, un amour clairvoyant du bien public, le sens de l'autorité royale et des libertés nécessaires, de même que dans son privé il donna l'exemple des plus hautes vertus. Ces *Pensées* contiennent un excellent code moral pour les chefs d'Etat et leurs entours : par exemple, il demande au prince de choisir ses conseillers parmi ceux qui dans les emplois subalternes ont montré « une parfaite

II. LA FRANCE : MOYEN AGE ET TEMPS MODERNES

connaissance des intérêts de l'Etat, une probité à toute épreuve, une grande affection pour le maître, *un amour tendre et sincère pour la patrie*, une grande fermeté où il s'agira d'en soutenir les intérêts, un grand désintéressement pour tout ce qui peut avoir rapport à eux… » De son-zèle pour la France, il donna une preuve éclatante en publiant clandestinement, sans l'autorisation de d'Argenson, lieutenant général de la police, la *Dîme royale* (1707), où il réclame l'égalité de l'impôt, sa perception directe, l'abolition des privilèges. Cette *Dîme* ameuta une telle coalition des intérêts, des colères, des amours-propres menacés par cette invocation à la justice, qu'ils réussirent à obscurcir le jugement du Roi, qui jusque là avait récompensé si dignement les services de Vauban, et qui méconnut le dernier effort tenté par celui-ci en faveur de son pays. Vauban avait su se dégager des préjugés du peuple aussi bien que de ceux de l'aristocratie ; comptant le pays pour tout, ne se comptant pour rien, aussi grand par le caractère que par le génie, ses projets, si on l'eût écouté, réalisaient les réformes nécessaires, et auraient fait à la France l'économie d'une révolution. Fénelon, lui aussi, se montrait courageux et excellent Français dans ce *Mémoire au Roi* où il déplorait le *luxe monstrueux et incurable de la Cour*, les misères du temps, toutes les anciennes maximes de l'Etat ébranlées ou renversées pour ne *parler que du Roi et de son bon plaisir*.

On est trop sévère pour le XVIIIe siècle, quand on l'accuse d'avoir méconnu l'idée de patrie ; rien de plus injuste que de le juger à travers les paradoxes de certains philosophes qu'une sorte de délire entraînait vers les spéculations humanitaires, vers les rêveries de bonheur et d'harmonie universels ; et d'ailleurs si celles-ci les conduisent à des affirmations déplorables, rappelons-nous qu'aux siècles précédents, une partie des chefs de la noblesse a fait pis. Sans aller, comme Michelet, jusqu'à appeler le XVIIIe siècle : le grand siècle, on peut prouver qu'à cette époque la majorité de la nation est saine, que l'armée, l'église, la magistrature, la société, le peuple, fournissent de très nombreux exemples d'héroïsme, de dignité, de vertus publiques et privées ; les vices d'une minorité turbulente, corrompue, voilaient les qualités du grand nombre. Comme les individus, les peuples heureux, honnêtes, n'ont guère d'histoire, celle-ci n'ayant d'yeux que pour les violents et les tapageurs. Trois pies dans un bois y mèneront toujours plus de

Victor du Bled

bruit que trois cents tourterelles. Ce sont toujours les mêmes qui Se font tuer, disait un général ; on peut affirmer aussi : ce sont toujours les mêmes qui donnent le mauvais exemple. Aux contempteurs du XVIIIe siècle, il suffit de faire remarquer que la plupart des hommes qui ont accompli les miracles de la Révolution et de l'Empire étaient nés avant 1789, et que les successeurs de l'ancien régime auraient été fort empêchés s'ils n'avaient trouvé, dans l'armée, la marine, l'administration, la diplomatie, dans toutes les classes de la nation en un mot, des cadres excellents, un personnel digne d'accomplir la grande œuvre vers laquelle on les guidait. Si Voltaire a félicité Frédéric II d'avoir battu les Français à Rosbach, s'il a écrit que ceux qui n'ont rien n'ont point de patrie, si des évènements tels que les Croisades et l'éveil de la patrie française pendant la guerre de Cent ans sont restés lettre morte pour lui, le même Voltaire a dit aussi des paroles touchantes sur son pays : « C'est de ma seule patrie que j'ai appris à regarder les autres peuples d'un œil impartial... Il me semble que du pain dans sa patrie vaut encore mieux que du biscuit en pays étranger... Vous ne savez pas ce que c'est que d'être Français en pays étranger... On porte le fardeau de sa nation... La morale, la vertu et l'amour de la patrie, sont notre unique affaire... » Chevert, Plélo, Belle-Isle, Broglie, Maurice de Saxe, d'Assas sur le continent, Dupleix dans les Indes, Montcalm au Canada, Rochambeau, Lafayette, et leurs soldats aux Etats-Unis, nos marins, nos corsaires, ne font-ils pas bonne figure ? Sous Louis XVI et en sa présence, on lance à Cherbourg un vaisseau nommé *le Patriote*.

Si nous jetons un coup d'œil sur l'étranger, voici Bolingbroke qui, dans ses *Lettres sur l'esprit de patriotisme*, émet cette belle maxime : « Rien ne peut acquitter de ce qu'on doit à la patrie, tant qu'elle a besoin de nous ; » — la Suisse, qui demeure un petit grand peuple, parce que le cœur de chacun des siens est un foyer d'indépendance et de dignité patriotique ; — les colonies d'Amérique qui préludent à leur éclatante destinée par la revendication de leurs droits et la constitution d'une patrie. Un Américain, plus tard, donnera cette définition du vrai patriotisme : « Il ne consiste pas en fanfaronnades nationales... Il résulte d'une juste appréciation de ce qu'est notre pays, dans son esprit de liberté, dans ses institutions et ses lois, dans sa forme de gouvernement, dans son splendide domaine, ses

II. LA FRANCE : MOYEN AGE ET TEMPS MODERNES

beautés naturelles, son rang parmi les peuples et sa triomphante marche en avant. » L'a me d'autrui est une forêt profonde, chaque vie humaine représente, chaque tombe recouvre une petite histoire universelle ; chacun de nous a plusieurs âmes. N'a-t-on pas dit que Shakspeare a dix mille âmes ? Comment se flatter de juger en quelques mots un peuple de trente à quarante millions d'habitants qui a un passé magnifique, un passé vingt fois séculaire, auquel se rattachent des millions, des milliards d'actions, de volontés ? Ce qu'on peut concéder au sujet de notre XVIIIe siècle, c'est que l'ironie, la moquerie, le scepticisme, y paraissaient à la mode, et, pour obéir à la mode, le Français cache ses pensées de derrière la tête sous un voile de raillerie élégante ; de crainte de sembler ridicule, il dissimule ses pensées généreuses, ses enthousiasmes, jusqu'au temps de Louis XVI du moins, car, à partir de 1774, ces sentiments commencèrent de faire bon ménage avec l'esprit. Diderot, puis Mme de Staël, mirent l'éloquence à la mode dans la conversation, et les plus grandes dames se proclamaient bonnes patriotes. Presque tous les écrivains depuis longtemps employaient les mots *patrie, patriotisme, patriote, patriotique.* « Sans l'esprit patriotique, affirme Raynal, les Etats sont des peuplades et non pas des nations. » Et Jean-Jacques : « Tout patriote est dur aux étrangers ; ils ne sont qu'hommes, ils ne sont rien à nos yeux. » Le prince de Ligne, ce Belge qui eut le génie de la grâce, trace cette devise au bas d'un de ses portraits : *Pro Patria non timidus mori. Celui qui ne craint pas de mourir pour sa patrie.* En 1769, Rossel publie en six volumes une Histoire du patriotisme français ; on lit dans la préface : « Le patriotisme ou l'amour de la Patrie n'est rien autre chose que ce zèle, ce noble attachement que tout homme éprouve pour le pays dans lequel il est né… Il n'y a pas un Français qui ne l'éprouve au fond de son âme. C'est l'histoire même des Français qui m'en a convaincu. Tous les grands traits qui enrichissent cette histoire m'ont paru partir de cette source. » L'écrivain n'hésite donc pas à poser ce principe comme base de tous les évènements consacrés dans l'histoire de France, « et auxquels la plume des historiens ne donnait guère que des causes étrangères et subalternes : l'ambition, l'intérêt, la jalousie des particuliers. Une cause plus noble a enfanté les révolutions qui ont affermi la monarchie française : cette cause, c'est le patriotisme. » En résumé, le nom de patrie n'est que le nom

Victor du Bled

de l'idée sur laquelle l'histoire de France s'est bâtie pièce à pièce.

Ce qu'il faut aussi reconnaître, c'est qu'avant 1789, l'amour de la patrie n'est encore qu'un instinct, un sentiment, une règle morale dont l'oubli obtient trop souvent indulgence ou pardon, qu'il n'est pas encore devenu cette religion impérieuse dont les athées sont voués à l'universel mépris, et justement traités comme des criminels. Comme me l'écrivait naguère un lettré dijonnais, M. Henri Chabeuf, qui continue les nobles traditions des Bouhier et des Brosses, « l'idée de patrie fut longtemps construite en pierres sèches, la Révolution lui a donné le ciment, 1914 la fera indestructible, chaque coup du destin lui communique une solidité nouvelle. »

En 1789, la grandeur, la supériorité du tiers état fut de se dégager de la conception féodale ; il y avait intérêt, soit ; mais il y eut dans son fait une mentalité idéaliste, une prescience des temps nouveaux qu'on ne saurait méconnaître. La révolution modérée s'accomplit sur l'idée de liberté, d'égalité, d'humanité ; la révolution violente se consomme sur l'idée de la patrie libre ; toutes deux eurent la belle ivresse de l'unité française, par où elles continuent l'œuvre de la royauté, et plus tard le royaliste Berryer s'écriera, à la tribune de la Chambre des députés, qu'il remercie la Convention d'avoir sauvé l'indépendance de la France. Unité morale, unité politique, patrie constituée par l'ensemble des citoyens vivant sur le sol de France, drapeau aux trois couleurs, ce drapeau qui semble le Saint-Sacrement de la patrie, tels furent le but, les moyens, la réalisation. Et malheureusement la noblesse, une grande partie de la noblesse s'était habituée à incarner la patrie dans la personne royale : d'où le désastreux malentendu de l'émigration, qui explique dans une certaine mesure les mesures du Comité de Salut public. On peut d'ailleurs soutenir que l'émigration et la Vendée contribuent à dégager l'idée de patrie des derniers nuages qui l'obscurcissaient encore.

Qui ne connaît les merveilles enfantées par le patriotisme militaire ? Elles furent préparées, rendues possibles par le patriotisme politique des hommes de la Constituante, de la Législative, de la Convention ; quelquefois sans doute, ces hommes ont créé l'obstacle, la plupart du temps ils l'ont aplani ou brisé, en même temps qu'ils établissaient pour la France des titres à la reconnaissance

II. LA FRANCE : MOYEN AGE ET TEMPS MODERNES

du genre humain. La fête de la Fédération (14 juillet 1790), fut le rayonnant symbole de l'unité française présentée comme une personne morale résumant toutes les forces vives de la nation. Et certes les armées de la Révolution renfermaient l'élite morale de la France, mais il ne faut pas non plus méconnaître, comme on l'a fait souvent, l'œuvre immense, violente, libératrice en somme, malgré mainte erreur, des assemblées de cette époque. Joseph de Maistre nous apporte à ce sujet un aveu significatif : « Qu'on y réfléchisse bien, on verra que, le mouvement révolutionnaire une fois établi, la France et la monarchie ne pouvaient être sauvées que par le jacobinisme... Que demandaient les royalistes, lorsqu'ils voulaient une contre-révolution telle qu'ils se l'imaginaient, c'est-à-dire faite brusquement et par la force ? Ils demandaient la conquête de la France ; ils demandaient donc la division, L'anéantissement de son influence et l'avilissement de son roi, c'est-à-dire 1des massacres de trois siècles peut-être, suite infaillible d'une telle rupture d'équilibre... » La Convention fut à la hauteur de tous les dangers, elle décréta la levée en masse. Carnot, avec le Comité de Salut public, organisa de nouvelles armées, fournit aux généraux les éléments de la victoire. Albert Sorel apprécie cet effort avec une éloquente impartialité : « Les âmes des hommes qui composaient la Convention étaient troublées toujours et passionnées, obscures, étroites souvent et possédées du plus aveugle des fanatismes, celui de la raison entêtée de soi-même. Et cependant leurs mouvements s'ordonnèrent selon une loi commune : cette Assemblée, où les rivalités rongeaient tant d'âmes subalternes, manifesta, dans la défense de la patrie, une grande âme collective, toute de sacrifice, de constance, de foi. C'était une émanation de l'âme même de la France. Le peuple français, si souvent méconnu, abusé ou opprimé par la Convention, vécut néanmoins en cette Assemblée et l'inspira... Elle associa les intérêts particuliers aux réformes de l'Etat par la création de la dette publique, et aux réformes sociales par la vente des biens nationaux. A l'imitation de tous les gouvernements antérieurs et des contemporains, elle confisqua les biens des adversaires de l'État, vaincus ou proscrits ; mais elle transforma cet acte violent de salut public en une opération politique qui en modifia singulièrement le caractère, et la distingua des mesures analogues prises par Louis XIV contre les réformés,

Victor du Bled

par les Anglais en Irlande, tout récemment par les Russes en Pologne. La Convention ne confisqua point pour enrichir l'Etat, doter des favoris ou substituer par la force seule des conquérants à des conquis. Les biens nationaux furent employés à la défense du pays et acquis par l'épargne française, bourgeoise et paysanne ; par cette translation des terres, la plus vaste qui se soit opérée dans les temps modernes, la terre devint plus populaire en France, le Français plus attaché à sa terre, parce qu'il l'avait achetée, et à son travail, parce qu'il avait servi à acheter la terre... » Ainsi la Convention « associa les réformes à l'idée de la patrie ; elle réalisa cette grande idée dans la vie de chaque Français, en y intéressant son orgueil, sa fortune, sa dignité, ses vertus. L'égalité, exaltation du moi, se confondit avec le patriotisme, exaltation de la France. »

Arago, J.-B. Dumas, après eux M. Vallery-Radot, ont rappelé qu'en 1792 la science rendit les plus éclatants services à notre pays menacé. Lavoisier, Fourcroy, Guyton de Morveau, Chaptal, Berthollet, fournirent de nouveaux moyens d'extraire le salpêtre et de se procurer de la poudre ; Monge trouva l'art de fondre rapidement les canons, et, grâce au chimiste Clouet, on put vite fabriquer les armes blanches. Monge, Berthollet, dénoncés aussi par Marat, faillirent avoir le même sort que Lavoisier. « Dans huit jours, remarquait tranquillement Berthollet, nous serons arrêtés, jugés, condamnés et exécutés. » Et Monge de répondre avec le même calme : « Tout ce que je sais, c'est que mes fabriques de canons marchent à merveille. » N'est-ce pas à ses prédécesseurs que songeait Pasteur quand il écrivit : « Si la science n'a pas de patrie, l'homme de science en a une, et c'est à elle qu'il doit reporter l'influence que ses travaux peuvent avoir sur le monde. »

Mais, si quelques historiens ont nié l'œuvre patriotique de la Convention, la plupart s'accordent à proclamer que, sous le Directoire, à la veille du 18 Brumaire, il n'y avait plus de patriotisme qu'aux armées, les Assemblées et les autres classes de la nation se trouvant fortement entamées par le pyrrhonisme politique, l'agiotage, la fureur du plaisir, l'anarchie morale, par cette autre grande école d'immoralité, les coups d'Etat répétés qui frayèrent le chemin à Bonaparte. Encore cette thèse paraît-elle trop absolue, et y aurait-il lieu d'y proposer quelques tempéraments.

Louis Legrand montre avec force que la Révolution, malgré ses

II. LA FRANCE : MOYEN AGE ET TEMPS MODERNES

destructions parfois incohérentes, n'a pas fait table rase du passé : « La France qu'on pouvait croire abattue, déracinée, cette France, au contraire, comme un arbre plein de sève, que stimule un énergique élagage, a poussé des rameaux plus fournis et plus verts. » Il semble bien au reste que les vertus guerrières de la Révolution sont un ressouvenir de la civilisation chevaleresque. Le présent n'est presque jamais que le passé sous un nouveau nom.

L'armée, qui est la patrie vivante, la patrie en marche et en action, se fortifiait, se retrempait par les nouveaux principes, par la fusion des vieux soldats avec les jeunes soldats de l'an II et des années suivantes. Victor Hugo a dit magnifiquement :

La liberté sublime emplissait leurs pensées.
Flottes prises d'assaut, frontières effacées
Sous leur pas souverain ;
O France, tous les jours c'était quelque prodige,
Chocs, rencontres, combats ; et Joubert sur l'Adige,
Et Marceau sur le Rhin.

On battait l'avant-garde, on culbutait le centre ;
Dans la pluie et la neige et de l'eau jusqu'au ventre,
On allait en avant !
Et l'un offrait la paix, et l'autre ouvrait ses portes,
Et les trônes, roulant comme des feuilles mortes,
Se dispersaient au vent !

La Révolution leur criait : « Volontaires,
Mourez pour délivrer tous les peuples vos frères ! »
Contents, ils disaient *oui*.
« Allez, mes vieux soldats, mes généraux imberbes ! »
Et l'on voyait passer ces va-nu pieds superbes
Sur le monde ébloui !

Ainsi la vraie croisade, avec son peuple de soldats obscurs, venus des villes et des campagnes, pleins d'exaltation désintéressée, marchant aux accents de la *Marseillaise,* — *l'air à moustaches,* — c'est l'armée française, et non les coalisés, qui l'a ressuscitée.

« Tout fut sincère en ces armées héroïques, conclut Albert Sorel…

Victor du Bled

La patrie était, pour eux, non une entité métaphysique, mais une terre, le pays où ils étaient nés, où ils voulaient mourir, le lieu de toutes leurs affections, de tous leurs souvenirs, de toutes leurs espérances. »

Les enfants eux-mêmes s'enrôlent, des jeunes filles s'engagent comme volontaires ; Carnot, qui nommait en fait les généraux en chef, reste longtemps simple capitaine du génie ; la plupart des représentants en mission donnent l'exemple du plus fier courage, la Tour-d'Auvergne n'accepte que le titre de « premier grenadier de la République. » Ces généraux de la Révolution, Desaix, Kléber, Joubert, Marceau, Hoche, sont aussi humains que patriotes. Joubert écrivait à son père : « Faire son devoir, le faire avec distinction, sans se mêler aux partis, voilà le patriotisme ; » Byron honore la mémoire de Marceau général à vingt-deux ans, tué à vingt-sept ans : « ... Il a été du petit nombre de ceux qui n'ont pas dépassé la mission de rigueur que la Patrie impose à ceux qu'elle arme de son glaive ; il a gardé le témoignage de son âme. Aussi les hommes ont pleuré sur lui. » Marceau écrivait à une amie : « Mes lauriers vous feraient horreur ; ils sont teints de sang humain. » Quand il tombe pour ne plus se relever (1796), il dit à ses amis : « Pourquoi me tant regretter ? Pourquoi me plaindre ? J'ai assez vécu, puisque je meurs pour la patrie. » Hoche, emprisonné en 1793, demande à être entendu par le Comité de Salut public : « Qu'on me laisse travailler dans ma chambre, les fers aux pieds, jusqu'à ce que les ennemis soient hors de France... Quel que soit mon sort, que la patrie soit sauvée, et je demeure content. » Et ce mot de Desaix : « Je battrai l'ennemi tant que je serai aimé de mes soldats ! » Kléber définit en ces termes le devoir du soldat : « Être soldat, c'est, quand on a faim, ne pas manger ; quand on a soif, ne pas boire ; quand on est épuisé de fatigue, marcher ; quand on ne peut plus se porter soi-même, porter ses compagnons blessés ; voilà ce que c'est qu'un soldat ! » Tous ces jeunes généraux vont au combat comme on va à une fête, voient briller au ciel l'étoile de la France qu'ils parent de nouveaux rayons. Les hommes, comme les peuples, se mesurent à leur idéal ; la conduite de ces fiers soldats était digne d'inspirer cette pensée, à M. Jules Arnoux : « Les devoirs militaires ne sont pas autre chose que la continuation des devoirs civiques ; ce sont les mêmes vertus qui font le soldat et le citoyen. »

II. LA FRANCE : MOYEN AGE ET TEMPS MODERNES

Carnot écrit a Jourdan de se diriger sur Maubeuge et de livrer bataille : Jourdan hésite, Carnot accourt, ordonne a Jourdan, au nom de la Convention, de marcher sur Wattignies. Cobourg a dit à son état-major : « Les républicains sont braves ; mais s'ils me délogent d'ici, je consens à me faire républicain. » La journée du 15 octobre 1793 reste indécise, on avance sur la gauche, mais notre aile droite est décimée. « Il faut renforcer l'aile droite, affirment les vieux officiers. — Non, répond Carnot, il faut la dégarnir ; qu'importe par quel côté nous remportons la victoire ? » Le lendemain Carnot laisse éclaircir, réduits à une mince ligne, le centre et la droite, reporte vingt mille hommes à gauche, rallie les soldats, destitue solennellement, en présence de l'armée, un général qui a désobéi, s'empare d'un fusil de grenadier, charge à la tête d'une colonne repoussée, dans son costume de représentant du peuple, emporte Wattignies ; Maubeuge est délivrée, l'envahisseur chassé de France, la guerre reportée au-delà des frontières. Les Thermidoriens voulurent faire inscrire Carnot sur la liste de proscription, en même temps que Robert Lindet et Jean Bon Saint-André, qui firent pour l'intendance et la marine ce que lui, Carnot, avait fait pour l'armée. Une voix indignée protesta devant la Convention : « Oserez-vous porter la main sur celui qui a organisé la victoire ? » Des applaudissements éclatent, l'Assemblée passe à l'ordre du jour, Carnot est sauvé, et le mot : organisateur de la victoire reste pour toujours attaché à ce glorieux nom.

Dans ses discours patriotiques, Vergniaud s'élève au-dessus de la lutte des partis. Le 2 septembre 1792, *il sonne la charge sur les ennemis de la patrie* : « Pourquoi les retranchements du camp qui est sous les remparts de cette cité ne sont-ils pas plus avancés ? Où sont les bêches, les pioches, et tous les instruments qui ont élevé l'autel de la Fédération et nivelé le Champ-de-Mars ? Vous avez manifesté une grande ardeur pour les fêtes ; sans doute vous n'en aurez pas moins pour les combats ; vous avez chanté, célébré la victoire ; il faut la défendre. Nous n'avons plus à renverser des rois de bronze, mais des rois environnés d'armées puissantes. Je demande que la Commune de Paris concerte avec le pouvoir exécutif les mesures qu'elle est dans l'intention de prendre. Je demande aussi que l'Assemblée Nationale, qui dans ce moment-ci est plutôt un grand comité militaire qu'un corps législatif, envoie

Victor du Bled

à l'instant, et chaque jour, douze commissaires au camp, non pour exhorter par de vains discours les citoyens, mais pour piocher eux-mêmes, car il n'est plus temps de discourir ; il faut piocher la fosse de nos ennemis, et chaque pas qu'ils font en avant pioche la nôtre. » L'Assemblée tout entière se leva et décréta la proposition de Vergniaud. Même enthousiasme, quand, le 16 septembre, il répète cet appel au camp : « N'avez-vous d'autre manière de prouver votre zèle qu'en demandant sans cesse, comme les Athémiens : *Qu'y a-t-il aujourd'hui de nouveau* ? Au camp, citoyens, au camp ! Tandis que nos frères, pour notre défense, arrosent peut-être de leur sang les plaines de la Champagne, ne craignons pas d'arroser de quelques sueurs les plaines de Saint-Denis, pour protéger leur retraite. Au camp, citoyens, au camp ! Oublions tout, excepté la patrie ! Au camp, au camp ! » Le 9 novembre, pour attiser *le feu sacré* du patriotisme, Vergniaud demande des fêtes publiques : « C'est par de pareilles fêtes que vous ranimerez sans cesse le civisme. Chantez donc, chantez une victoire qui sera celle de l'humanité. Il a péri des hommes, mais c'est pour qu'il n'en périsse plus… » De lui encore ce cri ; répété aussitôt par tous ses collègues : « Périsse l'Assemblée nationale et sa mémoire, pourvu que la France soit libre ! »

Il y a du mauvais et du pire chez Danton, il y aussi du bon et du très beau ; aucun homme de cette époque ne rappelle mieux, à mon sens, cette pensée de Montaigne : « Notre vie est partie en folie, partie en prudence. Qui n'en écrit que sévèrement et régulièrement, en laisse en arrière plus de la moitié. » On peut aussi appliquer à ses discours le mot de Pascal : « La véritable éloquence se moque de l'éloquence. » Gonfalonier de la démagogie parisienne, Mirabeau de la populace, dictateur du monstre à mille têtes, le véritable homme d'Etat de la Terreur, politique réaliste, mettant le succès de son parti avant la loi, la justice et l'humanité, au coup d'œil rapide et perçant, tempérament né maître, absorbant toutes les volontés partout où il se présente, doué d'une voix de stentor qui retentit, tantôt comme une fanfare, tantôt comme le tocsin, dédaigneux des paroles emphatiques, des préjugés abstraits, sachant regarder et compter avec les passions des hommes, convaincu que les questions politiques sont des questions de force, incrédule, mais partisan d'une *religion provisoire utile au peuple*, nourri d'études classiques qu'il a perfectionnées par la pratique des bons auteurs,

II. LA FRANCE : MOYEN AGE ET TEMPS MODERNES

Rabelais, Corneille, Voltaire, Montesquieu entre autres ; nature riche, exubérante, ensoleillée ; adoré de sa famille, de ses amis, gai et cordial dans la vie privée, prompt à oublier les injures, Danton apparaît aussi comme un grand patriote, aimant la France d'un amour de fauve, tout palpitant, d'un amour clairvoyant, farouche et pratique en même temps. C'est lui qui négocie la retraite presque pacifique de Brunswick ; qui, voulant donner à la guerre le caractère d'une guerre d'intérêt, fait déclarer que « la France ne s'immisce en rien dans le gouvernement des autres Puissances ; » qui obtient l'alliance de la Suède, pose d'avance les bases du traité de Bâle ; lui qui, par ses motions ; met fin aux carmagnoles dansées par des énergumènes dans la salle même de la Convention : « La Convention n'entendra plus à la barre que la raison en prose. »

Il se dit, il se montre capable d'unir la modération aux élans d'un patriotisme bouillant, impétueux, mais exempt de haine : « Que m'importent toutes les chimères que l'on peut répandre contre moi, pourvu que je puisse servir la patrie ? Ce n'est pas être homme public que de craindre la calomnie ! »

Il écarte comme byzantines les discussions de principes si chères à Robespierre. « Toutes nos altercations tuent-elles un Prussien ?… La Constitution est une batterie qui fait un feu à mitraille contre les ennemis de la liberté. Quoi ! vous avez une nation entière pour levier, la raison pour point d'appui, et vous n'avez pas encore bouleversé le monde !… » Une autre fois : « Khi que m'importe ma réputation ! Que la France soit libre, et que mon nom soit flétri ! Que m'importe d'être appelé buveur de sang ? Eh bien ! buvons le sang des ennemis de l'humanité, s'il le faut ; combattons, conquérons la liberté ! » Il répète volontiers qu'il mourrait, qu'il mourra pour la patrie ; d'ailleurs il n'aime pas la guerre pour la guerre, et déclare, le 15 juin 1793, que *le peuple : français ne peut jamais faire de guerre offensive* ; s'il a rompu en visière à l'Europe, c'est pour prévenir des préparatifs dirigés contre lui : « Quand je vois un ennemi qui me couche en joue, je tire sur lui le premier si je peux, et je ne fais en cela que me défendre. »

Et encore : « Tout appartient à la patrie, quand la patrie est en danger. Soyons terribles ; faisons la guerre en lions !… C'est à coups de canon qu'il faut signifier la Constitution à nos ennemis… Emporte-t-on la patrie à la semelle de ses souliers ?… L'énergie

Victor du Bled

fonde les républiques ; la sagesse et la conciliation les rendent immortelles ?... » Sur sa proposition, la Convention déclare la *République française* une et indivisible : « La France doit être un tout indivisible ; elle doit avoir unité de représentation. Les citoyens de Marseille veulent donner la main aux citoyens de Dunkerque. Je propose de décréter que la Convention nationale pose pour base du gouvernement qu'elle va établir l'unité de représentation et d'exécution. Ce ne sera pas sans frémir que les Autrichiens apprendront cette sainte harmonie ; alors, je vous jure, nos ennemis seront morts. »

Le 21 janvier 1793 : « Faisons la guerre à l'Europe. Il faut, pour épargner les sueurs et le sang de nos concitoyens, développer la prodigalité nationale. Vos armées ont fait des prodiges dans un moment déplorable : que ne feront-elles quand elles seront bien secondées ? Chacun de nos soldats croit qu'il vaut deux cents esclaves. Si on leur disait d'aller à Vienne, ils iraient à Vienne, ou à la mort... »

Le 10 mars 1793 : « Je déclare que, puisque, dans les rues, dans les places publiques, les patriotes sont insultés ; puisque dans les spectacles on applaudit avec fureur aux applications qui se rapportent aux malheurs de la patrie, je déclare que quiconque oserait appeler la destruction de la liberté ne périra que de ma main, dussé-je après porter ma tête sur l'échafaud, heureux d'avoir donné un exemple de vertu à ma patrie... Les nations qui veulent être grandes doivent, comme les héros, être élevées à l'école du malheur... »

Malgré tout, l'unanimité des âmes françaises sur la patrie n'était pas encore obtenue à cette époque, elle ne le fut pas non plus sous l'Empire, ni en 1814, ni en 1815. Ce sentiment toutefois grandit, se fixe au cours du XIXe siècle, en même temps que la démocratie, et cette magnifique efflorescence de l'idée de patrie, le principe des nationalités. Dès 1819, de Serre déclare que la démocratie coule à pleins bords ; quels bonds n'a-t-elle pas faits depuis, au risque d'aller au-delà d'elle-même et d'empiéter parfois sur d'autres vérités non moins fondamentales ! Au même moment, les colonies espagnoles de l'Amérique se révoltent contre la mère patrie, et le monde assiste à une véritable éclosion de peuples : Chili, 1817 ; Guatemala, Honduras, San Salvador, Nicaragua,

II. LA FRANCE : MOYEN AGE ET TEMPS MODERNES

Costa-Rica, 1821-1842 ; Mexique, 1824 ; Bolivie, 1825, Pérou, 1826 ; Brésil, 1826 ; Confédération Argentine, Uruguay, Paraguay, 1829 ; en 1830, les républiques de l'Equateur, du Venezuela et de la Nouvelle-Grenade. En Afrique, c'est l'Abyssinie ; en Europe la Grèce affranchie à partir de 1828 ; la Belgique en 1831 ; l'unité de l'Italie (1861 et 1870) ; l'unité de l'Allemagne, 1871 ; le Monténégro, 1880 ; la Roumanie, 1881 ; la Serbie, 1882 ; la Bulgarie, 1885. Sans se demander si l'application du principe des nationalités proclamé par elle ne deviendrait pas la source de sérieux dangers en se retournant contre elle, la France se posa comme le champion de la liberté des races opprimées. On croyait alors que, lorsque toutes les nationalités seraient organisées, les guerres deviendraient plus rares, même qu'il n'y en aurait plus. Albert Sorel se montre moins confiant : « Le système des nationalités, dit-il, a déjà provoqué et provoquera plus de guerres que ne l'ont fait autrefois les querelles religieuses, et que ne le font de nos jours les ambitions des rois. Les convoitises des nations sont plus âpres, leurs triomphes sont plus hautains, leurs mépris sont plus insultants que ceux des princes ; ils soulèvent aussi des ressentiments plus amers et plus durables... »

En 1870, l'idée de patrie se manifeste avec la splendeur d'une adhésion universelle, allant jusqu'aux sacrifices les plus sublimes ; mais la superbe défense des armées de métier et des armées improvisées ne put compenser l'insuffisance du commandement ; il fallut succomber glorieusement ; du moins, l'honneur était sauf. Tous, nous nous sentions amputés par la diminution tragique de la France, tous nous avons frissonné, pleuré, en lisant les vers de Victor Hugo :

... Ah ! je voudrais,
Je voudrais n'être pas Français, pour pouvoir dire
Que je te choisis, France, et que, dans ton martyre,
Je te proclame, toi que ronge le vautour,
Ma patrie et ma gloire, et mon unique amour.

Et, comme des reliques sacrées, nous enfermions en nos cœurs les mots-médailles qui traînent derrière eux un long sillage de réconfort moral ; le : « Il y avait la France ! » du Duc d'Aumale à Bazaine ; le cri de Gambetta sur la revanche et l'Alsace-Lorraine : « N'en parler jamais, y penser toujours ! » cette parole du testament de Jules Ferry, gravée sur son monument à Saint-Dié : « Je désire

Victor du Bled

reposer dans la même tombe que mon père et ma sœur, en face de cette ligne bleue des Vosges d'où monte jusqu'à mon cœur fidèle la plainte des vaincus. » Et comment oublier le mot de Paul Déroulède : « Républicains, bonapartistes, légitimistes, orléanistes, ce ne sont là chez nous que des prénoms ; c'est patriote qui est le nom de famille ? »

Enfin, voici venir l'heure fatidique, l'heure du destin ; nous sommes provoqués, attaqués, nous nous défendrons jusqu'au bout ; la France se dresse, unanime, pour venger son honneur et réparer l'injure. La séance du 4 août 1914 à la Chambre des députés, au Sénat, est un des plus beaux mouvements de notre histoire, de l'histoire du monde ; les membres du Parlement, interprètes fidèles de la France, oublient leurs querelles, leurs rivalités douloureuses, acclament le gouvernement, lui confèrent pleins pouvoirs, votent à l'unanimité les crédits demandés. Le pays entier n'a plus qu'une âme, « la même âme, à Marseille et à Dunkerque, à Bordeaux et à Nancy, dit éloquemment M. Lavisse ; toutes les Frances, France des Croisades, France de Bouvines, France de Rocroi, France de Valmy, France d'Austerlitz, France de la fleur de lys et du drapeau blanc, France de l'aigle ou du coq et du drapeau tricolore, France du bonnet phrygien et du drapeau rouge, mêlées, confondues. Oui, merveille à en pleurer de joie et d'orgueil… »

Et ce fut comme une succession de miracles historiques : cette folie mégalomane des hommes d'Etat et diplomates allemands, qui les conduit à violer toutes les lois divines et humaines, à multiplier leurs ennemis, à ameuter contre eux l'opinion publique mondiale, à ignorer grossièrement les forces morales, « les impondérables ; » — le prodige de la mobilisation préparée, accomplie par notre état-major ; nos généraux, nos officiers, nos soldats, pénétrés de la grandeur de leur tâche, considérant leurs devoirs comme une fonction civique et acquérant en quelques mois la solidité, l'endurance des légionnaires romains, des armées de métier, aussi étonnants, aussi ingénieux dans la défensive que, dans l'offensive, dans la tactique que dans la stratégie, dans la guerre de tranchées que sur les champs de bataille. L'héroïsme patriotique fournirait déjà de quoi remplir une bibliothèque ; il éclate en des millions de gestes qui honoreront éternellement les huit pays unis contre les Barbares. Le drame semble surhumain, d'une grandeur plus

II. LA FRANCE : MOYEN AGE ET TEMPS MODERNES

qu'eschylienne, plus que dantesque, plus que shakspearienne, et chacun s'efforce de s'élever au-dessus de soi-même pour demeurer à la hauteur d'une épopée d'autant plus sublime qu'elle dérive des plus nobles sentiments, d'autant plus immense qu'elle met aux prises la moitié de l'humanité guidée par les passions les plus violentes. Tous rivalisent de courage, de dévouement, de générosité, de désintéressement ; les femmes, des enfants eux-mêmes avec les hommes, les civils avec les soldats, les pauvres avec les riches, les ouvriers avec les patrons, nos armées avec les armées alliées. La France manifeste une fois de plus cette âme immortelle qui lui a fait vingt siècles de splendeur tantôt brillante et tantôt pathétique. A la lueur flamboyante d'événements formidables, nous avons tous reconnu que l'armée est l'école des vertus patriotiques, qu'honorer le courage, c'est le créer, qu'avant la grande famille humaine, il faut chérir la famille restreinte qui est la patrie :

Et plus je suis Français, plus je me sens humain.

ISBN : 978-1539976110

Victor du Bled